**Erwarte Großes von Gott
und lass dich auf ein Gebets-Abenteuer ein.**

40 TAGE

Andachten und Gebete zur Vorbereitung auf die Wiederkunft Jesu

D E N N I S   S M I T H

Originaltitel: 40 Days: Prayers and Devotions to Prepare for the Second Coming
© 2009 by Review and Herald® Publishing Association

Projektleitung: Helmut Haubeil
Übersetzung: Beatrice Egger
Korrektorat: Anna Müller
Lektorat: Sylvia Renz
Redaktion: Hans Matschek
Coverdesign: Ron Pride, Konrad Print & Medien
Design, Satz und Layout: Konrad Print & Medien, Rudersberg

Die Bibelzitate sind – falls nichts anderes vermerkt ist – der Bibel nach der Übersetzung
Martin Luthers (revidierter Text 1984), durchgesehene Ausgabe in neuer Rechtschreibung,
© 1999 Deutsche Bibelgesellschaft, Stuttgart, entnommen.

© 2012 des deutschen Textes
Konrad Print & Medien, Rudersberg und
ABC Medien e.U. (Adventist Book Center), Braunau am Inn

© 2012 der deutschsprachigen Ausgabe
TOP LIFE Wegweiser-Verlag GmbH, Wien
Internet: www.toplife-center.com, E-mail: info@toplife-center.com

Verlagsarchiv-Nr.: 030912
ISBN: 978-3-900160-79-1

1. Auflage: August 2012   4. Auflage: März 2014   7. Auflage: März 2023
2. Auflage: Oktober 2012   5. Auflage: Juni 2017
3. Auflage: März 2013   6. Auflage: April 2020

Zu beziehen bei:
Adventist Book Center   www.adventistbookcenter.at
TOP LIFE Wegweiser-Verlag   www.toplife-center.com
Konrad Print & Medien – Wertvoll Leben   www.wertvollleben.com
Advent-Verlag Schweiz   www.adventverlag.ch

Der Autor übernimmt die volle Verantwortung für die Richtigkeit aller Fakten und Zitate,
die im Buch angeführt sind.

Inhaltsverzeichnis

Einführung und Überblick

Ergänzt und bearbeitet für die deutschsprachige Ausgabe

Warum ein weiteres Buch für Andacht und Gebet?

Dieses 40-Tage-Andachtsbuch wurde geschrieben, um uns noch besser auf die Wiederkunft Christi vorzubereiten. Außerdem sollen auch unsere Mitmenschen von diesem herrlichen Ereignis hören, damit sie sich darauf vorbereiten können. Wenn du ein Verlangen verspürst, eine innigere Beziehung zu Jesus zu finden, und gerne jene Menschen erreichen möchtest, die Gott dir besonders ans Herz gelegt hat, dann ist dieses Buch genau das Richtige für dich.

Außer dem wertvollen geistlichen Inhalt liegt der große Wert dieses Taschenbuches darin, dass der Autor konkrete Wege zur praktischen Umsetzung aufzeigt. Er hat diese als Prediger mit seinen Gemeinden durchgeführt und erprobt. Das Buch kann Segen vermitteln für Einzelne, für Gruppen, für Gemeinden und ganze Vereinigungen. Wir haben bereits im „Missionsbrief" über einige Erfahrungen mit diesem Buch berichtet. Weitere werden folgen.

Doch die Vorbereitung muss bei jedem von uns persönlich beginnen. Wenn wir uns dafür entscheiden, dem Gebet und Bibelstudium 40 Tage lang den Vorrang einzuräumen, werden wir Jesus deutlich näher kommen.

Man kann dies natürlich allein tun. Die Ergebnisse sind jedoch zu zweit erheblich besser. Der Angelpunkt ist eine tägliche gemeinsame Andacht von zwei Personen; wenn möglich persönlich, sonst

über Medien (Telefon; Skype). Jesus hat für das Gebet zu zweit eine besondere Verheißung gegeben: *„Wenn zwei unter euch eins werden auf Erden, worum sie bitten wollen, das soll ihnen widerfahren von meinem Vater im Himmel."* (Matth. 18,19) Die vorgeschlagene Andachts-Gemeinschaft schenkt auf der Grundlage dieser Verheißung erstaunliche Erkenntnisse, eine Vertiefung der Gemeinschaft sowie eine starke Ermutigung und geistliche Kraft.

Um den größten Gewinn zu erzielen, empfehle ich, noch weitere Geschwister zu finden, die sich dir in der Anwendung dieses Andachtsbuches anschließen. Diese sollten dann ebenfalls täglich in Zweiergruppen Gemeinschaft pflegen. Es verstärkt den Zusammenhalt, wenn sich 3-5 Zweiergruppen dann einmal pro Woche zum Austausch und Gebet treffen. Selbst wenn die ganze Gemeinde gewonnen werden könnte, ist es dennoch wichtig, die täglichen Zweierkontakte zu pflegen und wöchentliche Gruppentreffen zu ermöglichen. Alle Teilnehmer treffen sich zusätzlich zu einem besonderen Treffen nach 20 Tagen, also in der Mitte der besonderen Gebetszeit.

Aber wir wollen dabei nicht nur an uns selbst denken. Wir wollen auch unsere Mitmenschen zu Jesus führen. In diesem Buch wird vorgeschlagen, dass wir uns in diesen 40 Tagen konkret und täglich für fünf Bekannte einsetzen. Der Herr wird uns zeigen, für wen wir besonders beten sollen. Vielleicht kennst du Menschen, die früher die Wahrheit aus Gottes Wort gekannt und sich davon entfernt haben. Oder du denkst an solche, die weder von der baldigen Wiederkunft Jesu gehört noch erfahren haben, dass Gott sie ruft und sie sich vorbereiten sollten.

Womit befassen sich die Andachten?
Da die Erfüllung mit dem Heiligen Geist (auch als Taufe oder Salbung bezeichnet) für unser persönliches geistliches Wachstum und für unser Zeugnis entscheidend ist, befassen sich die 40 Andachten mit der bedeutungsvollen biblischen Lehre vom Leben im Heiligen Geist. Diese Andachten bieten eine gute Gelegenheit, die Lehre vom Wirken des Heiligen Geistes besser zu verstehen und in ein geisterfüllteres Leben einzutreten. Die 40 Andachten sind in fünf Abschnitte gegliedert. Jeder von ihnen umfasst acht Andachten, die jeweils ein Thema behandeln.

1. Teil: Tag 1-8:   Die Erfüllung mit dem Heiligen Geist
2. Teil: Tag 9-16:   Der Heilige Geist und das Gebet
3. Teil: Tag 17-24: Der Heilige Geist und die Evangelisation
4. Teil: Tag 25-32: Geisterfüllt in Christus bleiben
5. Teil: Tag 33-40: Geisterfüllte Gemeinschaft

Alle Andachten enthalten am Schluss Anregungen und Fragen für einen Gedankenaustausch und das Gebet.

Wie beginnen?

Möchtest du den vorgeschlagenen Weg mitgehen? Dann beginne dafür zu beten und achte auf die folgenden Schritte:

1. Suche einen Gebetspartner. Du bist eingeladen, täglich mit deinem Gebetspartner oder deiner Gebetspartnerin zusammenzukommen. Wofür?

1. Sprecht miteinander über das tägliche Andachtsthema
2. Sucht nach Antworten auf die Fragen zum Gespräch
3. Betet füreinander
4. Ermutigt euch gegenseitig, miteinander für die fünf Personen auf den einzelnen Gebetslisten zu beten
5. Erinnert euch daran, für diese fünf Mitmenschen liebevoll und hilfsbereit da zu sein

Um aus diesem Erleben den größten Nutzen zu ziehen, wird empfohlen, diesen Zweierkontakt zur ersten Sache an jedem Morgen zu machen. Da mag es notwendig sein, etwas früher aufzustehen. Aber diese Anstrengung wird sehr belohnt. Vielleicht wirst du den Herrn sogar bitten, dich zu wecken, damit du die beste Tageszeit mit ihm verbringen kannst. Wie hat Jesus das gemacht? *„Morgen für Morgen sprach er mit seinem Vater im Himmel. Er empfing von ihm täglich eine neue Taufe (Erfüllung) mit dem Heiligen Geist."* Jesus Christus will dasselbe für dich tun, wenn du ihn darum bittest. Es ist sein Wunsch, dir jeden Morgen den Heiligen Geist zu schenken – als Vorbereitung für den Tag. Gerade darin möchte dieses Buch dir helfen: Eine tägliche Erfüllung mit dem Heiligen Geist für dein persönliches Wachstum und Zeugnis.

2. Frage Gott, für wen du beten sollst
Während dieser 40 Tage bist du aufgerufen, täglich für fünf Personen zu beten. Bitte Gott um Führung bei deiner Wahl.

3. Wähle fünf Personen aus, für die du beten möchtest
Auf deiner Gebetsliste stehen vielleicht Mitglieder deiner Familie oder Freunde, Kollegen, Nachbarn, Bekannte oder ehemalige Gemeindeglieder. Oder Menschen, die noch nicht zur Gemeinde gehören. Es sollten aber Menschen in deiner näheren Umgebung sein, damit du dich in den nächsten 40 Tagen verstärkt um sie bemühen kannst, durch persönliche Zuwendung oder durch eine Einladung z. B. zu einem Anlass in der Gemeinde.

4. Kontaktiere die fünf Personen, die du ausgewählt hast
Du kannst sie persönlich treffen, mit ihnen telefonieren oder per E-Mail Kontakt aufnehmen. Zum Beispiel so:

Vom _____ bis zum _____ wird meine Gemeinde mehr Gewicht auf das Gebet legen. Sie schlägt vor, dass jeder von uns in diesen 40 Tagen ganz gezielt für fünf Personen betet.

Weil du mein _____ (Freund, Freundin, Nachbar, Mitarbeiter) bist, möchte ich gern in den nächsten 40 Tagen ganz besonders für dich beten. Hast du ein bestimmtes Anliegen oder Problem z. B. in der Familie, Gesundheit oder Arbeit, das ich vor Gott bringen könnte? Bitte, lass es mich wissen.

Ich hoffe, bald von dir zu hören. Wir bleiben in Verbindung. Vielen Dank, und Gott segne dich.

Wir sollten diese Kontakte durch Gebet vorbereiten und weise und taktvoll vorgehen.

5. Mache dir Notizen
Ab Seite 185 ist für jeden der fünf Kontakte eine besondere Seite für entsprechende Notizen vorgesehen (Name, Telefon, E-Mail, Adresse, Gebetsanliegen, Vormerkungen, Verlauf des Kontakts).

6. Bete jeden Tag für diese Menschen
Nimm Gott beim Wort und beziehe dich auf folgende Verheißungen:
1. Dass Gott sie zu sich ziehen wird (Joh. 6,44)
2. Dass sie Gott kennenlernen wollen (Apg. 17,27)
3. Dass sie Gottes Wort glauben (1. Thess. 2,13)
4. Dass Satans Einfluss gebrochen und überwunden wird (2. Kor. 4,4; 10,4.5)
5. Dass der Heilige Geist sie beeinflusst (Joh. 16,8-13)
6. Dass sie sich von der Sünde abwenden (Apg. 3,19)
7. Dass sie Christus als ihren Erlöser annehmen (Joh. 1,12)
8. Dass sie Christus als ihrem Herrn gehorchen (Matth. 7, 21)
9. Dass sie in Christus wachsen und in ihm verwurzelt sind (Kol. 2,6.7)

7. Bedenke im Gebet, wie du dein persönliches Interesse an ihrem Wohlergehen zeigen könntest.
Die nachfolgende Liste enthält einige Vorschläge bezüglich dessen, was du für die Menschen auf deiner Gebetsliste tun kannst, damit sie spüren, dass du ihnen wichtig sind. Füge weitere Vorschläge hinzu, so wie Gott dich führt.
1. Zeig ihnen, was du an ihnen schätzt
2. Lass ihnen ermutigende Literatur zukommen (Anregungen: siehe Material-Hinweise Seite 191/192)
3. Rufe sie an und bete mit ihnen (falls sie dafür offen sind)
4. Lade sie zum Essen in dein Zuhause ein
5. Lade sie zum Auswärtsessen ein
6. Schicke ihnen Glückwünsche zum Geburtstag
7. Schicke ihnen eine ermutigende Karte oder das, was Gott dir ins Herz gibt
8. Schenke ihnen etwas, was du selbst gekocht oder gebacken hast
9. Lade sie zum Einkaufen oder zu einem Museumsbesuch ein usw.
10. Schicke ihnen, wenn nötig, eine Karte „Gute Besserung" oder ein anderes Zeichen der Anteilnahme
11. Gib ihrem Kind eine Geburtstagskarte oder mache ihm ein kleines Geschenk, wenn es passend ist
12. Gib ihnen eine spannende, lehrreiche Geschichte zum Lesen, die dich selbst bewegt hat (siehe Material-Hinweise)

13. Gib ihnen interessante biblische Traktate oder Hörbücher (siehe Material-Hinweise Seite 191/192)
14. Lade sie ein, mit dir in die Gemeinde zu kommen
15. Frage sie bei gegebener Zeit, ob sie gerne Bibelstunden haben möchten

Die Macht des Gebetes

Das Gebet ist für unser geistliches Wachstum entscheidend. Es ist auch das wirksamste Mittel, um andere für Christus zu gewinnen. Über die enge Verknüpfung zwischen Gebet und geistlichem Wachstum schrieb Ellen White:

„Das Gebet ist das Atmen der Seele. Es ist das Geheimnis der geistlichen Kraft. Durch keine andere Gnadengabe kann es ersetzt werden, um die Gesundheit der Seele zu erhalten. Das Gebet bringt das Herz in unmittelbaren Kontakt mit der Quelle des Lebens und stärkt die Sehnen und die Muskelkraft der religiösen Erfahrung." (Gospel Workers, p. 254)

Ellen White erkannte auch, wie nötig das Gebet ist, um andere zu Christus zu führen:

„Durch viel Gebet müsst ihr für Menschenseelen kämpfen, denn dies ist die einzige Methode, um ihre Herzen erreichen zu können. Es sind nicht eure Anstrengungen, sondern es ist das Wirken Christi, der an eurer Seite ist, welches die Menschenherzen ergreift." (Evangelisation, S. 317)

Sobald du unter Gebet mitarbeitest, um Menschen für Christus zu gewinnen, wird Gott deine Anstrengungen segnen. Wenn du für die Menschen auf deiner Gebetsliste betest und dich liebevoll für sie einsetzt, wird Gott dich als Werkzeug benützen, um andere für Christus zu gewinnen, und er wird dich persönlich näher zu sich hinziehen.

Damit du in diesem Programm den Schwerpunkt auch wirklich auf das Gebet legen kannst, findest du am Ende jeder Andacht Gebetsvorschläge, die dich an die wesentlichen Anliegen erinnern. Außerdem findest du einen Bibelvers, den du mit einbeziehen kannst. Und du findest eine Anregung für eine Bitte.

Die Macht des Heiligen Geistes

Nach seiner Auferstehung wies Jesus die Jünger an, auf den Heiligen Geist zu warten, bevor sie hinausgingen, um der Welt das Evangelium zu verkünden (Luk. 4,49; Apg. 1,4-8). Obwohl sie die letzten dreieinhalb Jahre täglich mit ihrem Meister zusammen gewesen waren und bei seinem Dienst und seinen Wundern mitgewirkte hatten, waren sie dennoch nicht fähig, in Vollmacht für ihn zu zeugen. Sie mussten erst auf die Bevollmächtigung des Heiligen Geistes warten.

Das Leben, erfüllt vom Heiligen Geist, ist für unser geistliches Wachstum entscheidend. Und es hat auch für unser Glaubenszeugnis große Bedeutung. Deshalb befassen sich die Andachten mit dieser wichtigen biblischen Lehre.

Was dürfen wir erwarten?

Die Entscheidung, an einer 40-Tage-Gebetszeit teilzunehmen, führt uns hinein in ein erstaunliches und gesegnetes Abenteuer mit unserem Herrn. Du wirst eine Vertiefung in deiner Beziehung zu Christus erfahren. Du wirst sehen, wie Gott dich gebraucht, um andere näher zu sich zu ziehen, damit sie sich auf die Wiederkunft Jesu vorbereiten können. Durch die Gemeinschaft mit deinem Gebetspartner und den anderen Teilnehmern der Gebetszeit wirst du tiefere christliche Liebe und Einigkeit mit deinen Geschwistern erleben. Dies spielt für dein persönliches Wachstum eine bedeutende Rolle.

Wenn ihr diese besondere Andachtszeit von 40 Tagen als Vorbereitung für einen Besuchersabbat oder für anschließende evangelistische Treffen benützen möchtet, dann ist es wichtig, diese Vorhaben in den 40 Tagen täglich in das Gebet einzuschließen.

Für diese Planungen ist eine „40-Tage-Anleitung" vorhanden. Die englische Ausgabe wurde schon von vielen Gemeinden benutzt, um ein 40-Tage-Programm vorzubereiten. Die 40-Tage-Gebetszeit hat sich nicht nur als ein wirkungsvolles Werkzeug zur geistlichen Vorbereitung auf evangelistische Treffen oder für einen Besuchersabbat erwiesen, sondern auch zur Erhöhung des Besuchs, wenn solche Veranstaltungen am Ende der 40-Tage durchgeführt wurden.

 **TAGE**

Diese Anleitung mit Anregungen für die Planung umfasst Folgendes:

- Einführung
- Vom Nutzen und Gebrauch der 40-Tage-Andachten mit Gebet als Mittelpunkt
- Werbung
- Ansporn – Sabbat
- Spezielles Teilnehmertreffen nach 20 Tagen Gebetszeit
- Besucher-Sabbat
- Material
- Zusammenfassung 40 Tage-Programm
- Ziele für das 40 Tage-Programm mit Beispiel
- Übersicht: Zeitlicher Ablauf für das 40 Tage-Programm.

Die 40-Tage-Anleitung in Deutsch und Englisch und weitere 40-Tage-Unterlagen sind abrufbar unter *www.missionsbrief.de* – 40 Tage – Näheres auch Seite 191

„Wenn nun ihr, die ihr böse seid,
euren Kindern gute Gaben geben könnt,
wie viel mehr wird der Vater im Himmel den
Heiligen Geist geben denen, die ihn bitten!"
(Luk. 11,13)

Erster Teil

Die Erfüllung mit dem Heiligen Geist

1. Tag

Der Heilige Geist bewirkt zwei Dinge

Die Bibel erzählt von übernatürlichen Veränderungen, die der Heilige Geist bewirkt. Er führt uns zur Buße, und durch sein Werben um uns nehmen wir Jesus Christus als Erlöser an und möchten diesen Entschluss durch die Zeichenhandlung der Taufe bezeugen. Jeder Mensch kann das erleben, denn der Heilige Geist möchte das für jeden tun. Und dann füllt er alle, die sich zur Nachfolge entschieden haben, mit seiner Gegenwart. Danach können sie so leben, wie Christus es will. Und sie können dann Mitarbeiter Gottes sein.

Gott schenkt seinen Geist allen, die ihn kennen. Jesus sagte: *„Und ich will den Vater bitten, und er wird euch einen anderen Tröster geben, dass er bei euch sei in Ewigkeit: den Geist der Wahrheit, den die Welt nicht empfangen kann, denn sie sieht ihn nicht und kennt ihn nicht. Ihr kennt ihn, denn er bleibt bei euch und wird in euch sein."* (Joh. 14,16.17)

Jesus sagte voraus, dass nach Pfingsten – also fünfzig Tage nach seiner Auferstehung und zehn Tage nach seiner Himmelfahrt – der Heilige Geist auf jeden Gläubigen herabkommen werde: Er *„wird in euch sein."* Auch du kannst heute dieses Wunder erleben und mit dem Heiligen Geist erfüllt werden.

Jesus ist in allen Dingen unser Vorbild. Er wurde durch den Heiligen Geist gezeugt und durch seine Kindheit hindurch geführt, bis er ein Mann war und sich im Jordan taufen ließ. Als der Heilige Geist in sichtbarer Form auf ihn herabkam, war er nun ausgerüstet für den Kampf gegen Satan wie nie zuvor. Dies lesen wir in dem dramatischen Bericht von Lukas 4,1-13. Indem sich Jesus völlig auf Gottes Wort verließ, konnte er den Versuchungen Satans widerstehen.

Nach dieser besonderen Zeit, die Jesus in enger Gemeinschaft mit Gott in der Wüste verbrachte, und nach seinem Sieg über Satan hatte er nun genügend Vollmacht, das Evangelium zu predigen, die Menschen zu lehren, zu heilen und Dämonen auszutreiben:

„Und Jesus kam in der Kraft des Geistes wieder nach Galiläa, und die Kunde von ihm erscholl durch alle umliegenden Orte. Und er lehrte in ihren Synagogen und wurde von jedermann gepriesen." (Luk. 4,14.15)

Jesus versprach allen, die an ihn glauben, sie würden sogar noch größere Werke tun als er:

„Wahrlich, wahrlich, ich sage euch: Wer an mich glaubt, der wird die Werke auch tun, die ich tue, und er wird noch größere als diese tun; denn ich gehe zum Vater." (Joh. 14,12)

Der Heilige Geist wirkt schon vorher auf den Menschen ein und möchte ihn dazu bewegen, dass er Christus annimmt. Die Fülle des Heiligen Geistes erleben Christen aber nur, wenn sie ihm täglich erlauben, dass er sie mit seiner Kraft ganz berührt. Bevor die Jünger hinausgingen und die Gute Nachricht überall verbreiten konnten, hatte ihnen Jesus befohlen, noch zu warten, bis an Pfingsten der Heilige Geist auf sie ausgegossen würde:

„Und als er mit ihnen zusammen war, befahl er ihnen, Jerusalem nicht zu verlassen, sondern zu warten auf die Verheißung des Vaters, die ihr, so sprach er, von mir gehört habt; denn Johannes hat mit Wasser getauft, ihr aber sollt mit dem Heiligen Geist getauft werden nicht lange nach diesen Tagen ... aber ihr werdet die Kraft des Heiligen Geistes empfangen, der auf euch kommen wird, und werdet meine Zeugen sein in Jerusalem und in ganz Judäa und Samarien und bis an das Ende der Erde." (Apg. 1,4-8)

Die Fülle des Geistes Gottes steht heute jedem Gläubigen zur Verfügung. Er hat verheißen, uns seinen Geist zu schenken, wenn wir im Glauben darum bitten (Luk. 11,13).

Einige fragen sich vielleicht: „Woher weiß ich denn, dass ich für den Heiligen Geist bereit bin?" Die Antwort auf die folgenden Fragen macht es dir deutlich:

Hast du Jesus als deinen Erlöser angenommen? Hast du dich entschieden, ihm dein Leben zu weihen – und zwar jeden Tag neu?

Wenn du Jesus angenommen hast und du willig bist, ihm in jedem Bereich deines Lebens zu folgen, und wenn es dein Wunsch ist, mit

dem Heiligen Geist erfüllt zu werden, dann bist du eingeladen, folgendes Gebet zu sprechen:

„Vater, ich danke dir, dass du mich dahin geführt hast, dass ich Jesus Christus als meinen persönlichen Erlöser angenommen habe. Ich bitte dich um dein Erbarmen und um die Vergebung meiner Sünden. Ich möchte mich völlig Jesus weihen. Ich danke dir für dein Versprechen, mich mit deinem Geist zu erfüllen. Ich möchte deine Verheißung jetzt in Anspruch nehmen. Bitte, erfülle mich mit deiner Gegenwart, wie du es verheißen hast, sodass ich Jesu Charakter widerspiegeln und für ihn wirken kann. Ich nehme dein Versprechen jetzt beim Wort und vertraue darauf, dass du mich durch deinen Geist befähigen wirst und mich im Dienst für Jesus leitest. In Jesu Namen. Amen."

Herr, führe und lehre uns, damit wir in unserem Alltag wie auch als Gemeinde beständig unter deiner Leitung bleiben.

Persönliche Gedanken und Gesprächshilfe

1. *Was lehrt dich diese Lektion über das Wirken des Heiligen Geistes?*

   _____

   _____

2. *Nenne zwei Dinge zur Vorbereitung auf den Empfang des Heiligen Geistes!*

   _____

   _____

3. *Welche Segnungen erhältst du durch die Erfüllung mit dem Heiligen Geist?*

   _____

   _____

4. *Hast du den Wunsch, den Heiligen Geist in deinem Leben und im Dienst für den Herrn noch intensiver zu erfahren? Sprich darüber mit deinem Gebetspartner!*

   _____

Unsere Gebetszeit

- *Kontaktiere deinen Gebetspartner und besprich das Tagesthema.*
- *Bete mit deinem Gebetspartner:*
  1. *dass Gott jeden von uns mit dem Heiligen Geist erfüllt.*
  2. *um Verständnis für die täglichen Andachtstexte.*
  3. *um Gottes Segen in der Nachfolge für uns beide.*
  4. *für die Menschen auf deiner Gebetsliste.*

Schließt folgenden Vers in euer Gebet mit ein:
„Ich will dich unterweisen und dir den Weg zeigen, den du gehen sollst; ich will dich mit meinen Augen leiten." (Ps. 32,8)

2. Tag

Empfang des Heiligen Geistes nach Pfingsten

Jesus versprach seinen Nachfolgern, sie würden mit dem Heiligen Geist erfüllt. Das werde sie fähig machen, das Evangelium in alle Welt hinauszutragen. Diese Verheißung erfüllte sich zu Pfingsten:

„Und als der Pfingsttag gekommen war, waren sie alle an einem Ort beieinander. Und es geschah plötzlich ein Brausen vom Himmel wie von einem gewaltigen Wind und erfüllte das ganze Haus, in dem sie saßen. Und es erschienen ihnen Zungen zerteilt, wie von Feuer; und er setzte sich auf einen jeden von ihnen, und sie wurden alle erfüllt von dem Heiligen Geist und fingen an, zu predigen in anderen Sprachen, wie der Geist ihnen gab auszusprechen.“ (Apg. 2,1-4)

Doch diese Erfüllung mit dem Heiligen Geist sollte nicht nur den Jüngern damals zu Pfingsten vorbehalten bleiben. Seit damals kann jeder Christ erfahren, wie dieses Versprechen Jesu in ihm Wirklichkeit wird.

Damals, an Pfingsten, waren nicht alle Gläubigen aller Zeiten anwesend. Wir fragen uns: „Wie sollten denn in der Zeit nach Pfingsten die Nachfolger Jesu mit dem Heiligen Geist erfüllt werden?" Die Antwort finden wir in der Apostelgeschichte. Dort wird mehrmals erwähnt, dass Gottes Geist auf eine Gruppe von Menschen fiel, während Petrus zu ihnen sprach. Wir wollen uns eine Begebenheit in Apostelgeschichte 10,44-47 näher anschauen:

„Während Petrus noch diese Worte redete, fiel der Heilige Geist auf alle, die dem Wort zuhörten. Und die gläubig gewordenen Juden, die mit Petrus gekommen waren, entsetzten sich, weil auch auf die Heiden die Gabe des Heiligen Geistes ausgegossen wurde; denn sie hörten, dass sie in Zungen

redeten und Gott hoch priesen. Da antwortete Petrus: Kann auch jemand denen das Wasser zur Taufe verwehren, die den Heiligen Geist empfangen haben ebenso wie wir?"

Offenbar wurde Gottes Geist auch durch Handauflegung empfangen.

„Als sie aber den Predigten des Philippus von dem Reich Gottes und von dem Namen Jesu Christi glaubten, ließen sich taufen Männer und Frauen. Da wurde auch Simon gläubig und ließ sich taufen und hielt sich zu Philippus. Und als er die Zeichen und großen Taten sah, die geschahen, geriet er außer sich vor Staunen. Als aber die Apostel in Jerusalem hörten, dass Samarien das Wort Gottes angenommen hatte, sandten sie zu ihnen Petrus und Johannes. Die kamen hinab und beteten für sie, dass sie den Heiligen Geist empfingen. Denn er war noch auf keinen von ihnen gefallen, sondern sie waren allein getauft auf den Namen des Herrn Jesus. Da legten sie die Hände auf sie, und sie empfingen den Heiligen Geist." (Apg. 8,12-17)

Ein ähnliches Beispiel für Gebet und Handauflegung finden wir in Apg. 19,1-6, als Paulus in Ephesus mit 12 Männern zusammentraf.

Wenn jedoch jemand das Gebet mit Handauflegung durchführt, dann sollte es ein Gläubiger sein, der selbst mit dem Heiligen Geist erfüllt ist. Es ist sicher eine wunderbare Erfahrung, den Heiligen Geist auf diese Weise zu empfangen. Wir wollen festhalten, dass das Auflegen der Hände zum Empfang

> *Jesus versprach seinen Nachfolgern, sie würden mit dem Heiligen Geist erfüllt. Das werde sie fähig machen, das Evangelium in alle Welt hinauszutragen.*

des Heiligen Geistes keine unbedingte Notwendigkeit ist. Die Erfüllung mit dem Heilligen Geist ist einfach eine Angelegenheit des Glaubens, indem wir Gott, der uns seinen Geist verheißen hat, beim Wort nehmen:

„... damit der Segen Abrahams in Christus Jesus zu den Nationen komme, damit wir die Verheißung des Geistes durch den Glauben empfingen." (Gal. 3,14)

Wir empfangen den versprochenen Gottesgeist bei unserer Taufe, wenn wir im Glauben darum bitten. Wir müssen jedoch täglich neu

 TAGE

von ihm erfüllt werden, damit wir anderen erfolgreich von Jesus erzählen können. Ellen White schrieb:

„Wir müssen mit dem Heiligen Geist erfüllt werden. Ohne ihn sind wir genauso schlecht ausgerüstet, um unseren Auftrag an der Welt wahrzunehmen, wie die Jünger gleich nach der Kreuzigung ihres Herrn." (Review and Herald, Feb. 18, 1890)

Über unser persönliches Wachstum im Glauben schrieb sie:

„Prägt allen ein, dass wir als Gemeindeglieder unbedingt mit dem Heiligen Geist erfüllt und geheiligt werden müssen, damit wir lebendige, wachsende und fruchtbringende Bäume im Garten des Herrn sein können." (Testimonies for the Church, vol. 6, p. 86)

Wenn wir Ellen Whites Aussagen studieren, wird uns sehr deutlich, wie wichtig es ihr war und wie stark sie betonte, dass jeder Gläubige die Fülle des Heiligen Geistes in seinem ganz persönlichen Leben anstreben sollte.

Persönliche Gedanken und Gesprächshilfe

1. *Warum sollten die Jünger auf den Empfang des Heiligen Geistes warten?*

    _____

    _____

2. *Unter welchen Bedingungen wurden die Jünger mit dem Heiligen Geist erfüllt?*

    _____

    _____

3. *Was sagte Ellen White über die Wichtigkeit der Erfüllung mit dem Heiligen Geist?*

    _____

    _____

4. *Ist ein Gebet mit Handauflegen notwendig, um mit dem Heiligen Geist erfüllt zu werden? Begründe deine Antwort!*

    _____

    _____

Unsere Gebetszeit

*   *Kontaktiere deinen Gebetspartner und besprich das Andachtsthema.*
*   *Bete mit deinem Gebetspartner:*
    1. *dass Gott jeden von uns mit dem Heiligen Geist erfüllt.*
    2. *dass wir durch die Kraft des Heiligen Geistes für Gott zeugen können.*
    3. *für die Menschen auf deiner Gebetsliste.*

Schließt folgenden Vers in euer Gebet mit ein:
„Und wir sind Zeugen dieses Geschehens und mit uns der Heilige Geist, den Gott denen gegeben hat, die ihm gehorchen." (Apg. 5,32)

Die Vorteile durch das Erfülltsein mit dem Heiligen Geist

Was geschieht, wenn wir Gott um die Erfüllung mit dem Heiligen Geist bitten? Einige Beispiele mögen zeigen, was sich verändert, wenn der Empfänger mit dem Heiligen Geist erfüllt wird: (1) der Hunger nach dem Wort Gottes wächst, man möchte es gründlich studieren, (2) das Gebetsleben vertieft sich, (3) wir bereuen unsere Fehler und Sünden viel tiefer, (4) unsere Wünsche und Träume, unsere Worte und Taten, unsere Gewohnheiten und unser Lebensstil ändern sich.

Wenn Gläubige siegreich leben wollen, müssen sie mit dem Heiligen Geist erfüllt sein. Die Bibel sagt, dass wir Christus nur dann wirklich kennen, wenn wir vom Heiligen Geist getrieben sind. Dies wird im Gleichnis von den zehn Jungfrauen illustriert (Matth. 25,1-13), wo Christus zu den törichten Jungfrauen sagt, „Ich kenne euch nicht" (Vers 12), denn ihnen fehlte das „Öl" des Heiligen Geistes.

Hier, wie auch in anderen Bibelstellen, spricht Jesus darüber, was es bedeutet, jemanden nicht zu „kennen". Ein Beispiel, wo Jesus sagt:

„Es werden nicht alle, die zu mir sagen: Herr, Herr! in das Himmelreich kommen, sondern die den Willen tun meines Vaters im Himmel. Es werden viele zu mir sagen an jenem Tage: Herr, Herr, haben wir nicht in deinem Namen geweissagt? Haben wir nicht in deinem Namen böse Geister ausgetrieben? Haben wir nicht in deinem Namen viele Wunder getan? Dann werde ich ihnen bekennen: Ich habe euch noch nie gekannt; weicht von mir, ihr Übeltäter!" (Matth. 7,21-23)

Wer nur die biblischen Lehren kennt oder sich im Dienst für Jesus einsetzt, der kennt ihn noch lange nicht, denn theoretische Kenntnisse und Engagement sind kein Ersatz für die persönliche intime Gemeinschaft mit Jesus, die durch den Heiligen Geist entsteht.

Die Taufe durch Untertauchen ist vergleichbar mit der Heirat, dem Hochzeitsfest. Doch vollzogen wird die Ehe nur, wenn das Paar auch wirklich zusammen lebt. Das ist ein Symbol für das Erfülltsein mit dem Heiligen Geist. Erst dann „kennt" die Braut den Bräutigam.

Satan möchte das blockieren und gegensteuern. Er weiß genau, dass die Gegenwart Jesu durch den Heiligen Geist verhindert, dass er im Leben des Gläubigen seine teuflische Macht ausüben kann.

Das Kernstück für unsere Erlösung ist das, was Jesus für uns getan hat und tut. Das müssen wir begreifen und für uns persönlich annehmen. Gleich danach, aber nicht weniger wichtig, ist das Verständnis für den Heiligen Geist und das Erfülltwerden mit seiner Gegenwart.

Diese „Neufüllung" können und sollen wir täglich erleben. Es genügt nicht, das einmal zu erleben und zu meinen, das würde für immer genügen. Paulus schreibt, dass „der innere Mensch von Tag zu Tag erneuert wird" (2. Kor. 4,16). An jedem Tag unseres Lebens brauchen wir Erfrischung, müssen wir durch den Heiligen Geist wieder aufgetankt werden. Paulus befiehlt: „Werdet voll Geistes." (Eph. 5,18) Dieses griechische Verb beschreibt eine Tätigkeit, die immer in Aktion ist. Das ist also ein ständiger Vorgang, der sich täglich neu abspielt.

Jesus ist in allen Dingen unser Vorbild. Ellen White schrieb: „Täglich empfing er wiederum die [Erfüllung] des Heiligen Geistes. In den frühen Stunden des neuen Tages weckte der Herr ihn aus seinem Schlummer, und seine Seele und seine Lippen wurden mit Barmherzigkeit gesalbt, um sie an andere weiterzugeben." (Christi Gleichnisse, S. 137)

> *Das Kernstück für unsere Erlösung ist das, was Jesus für uns getan hat und tut. Das müssen wir begreifen und für uns persönlich annehmen. Gleich danach, aber nicht weniger wichtig, ist das Verständnis für den Heiligen Geist und das Erfülltwerden mit seiner Gegenwart.*

Wenn sogar Jesus in seinem Leben auf der Erde so eng mit dem Heiligen Geist zusammenarbeitete, müssen auch seine Nachfolger täglich um die Gegenwart des Heiligen Geistes in ihrem Leben bitten.

Unser Wachstum in die Fülle Christi durch den Heiligen Geist ist ein täglicher Prozess:

„Nun aber schauen wir alle mit aufgedecktem Angesicht die Herrlichkeit des Herrn wie in einem Spiegel, und wir werden verklärt in sein Bild von einer Herrlichkeit zur andern von dem Herrn, der der Geist ist." (2. Kor. 3,18)

Geistliches Wachstum ist ein Vorgang, in den wir jeden Tag neu eintreten müssen.

Und so beschreibt Ellen White die Charakterentwicklung, die geistgeleitete Menschen erleben: „Sobald der Geist Gottes in das Herz einzieht, gestaltet er das Leben um. Sündhafte Gedanken werden verbannt, böse Taten vermieden; Liebe, Demut und Frieden nehmen die Stelle von Ärger, Neid und Zank ein. Traurigkeit verwandelt sich in Freude, und auf dem Angesicht spiegelt sich das Licht des Himmels." (Das Leben Jesu, S. 156)

Was für einen wunderbaren Segen hat uns der Herr durch das Erfülltsein mit dem Heiligen Geist bereitgestellt!

Herr, sei du unsere einzige Hoffnung.
Die materiellen Dinge und Träume können es nicht sein.
Erlöse uns vom geistlichen Tod. Rüttle uns aus unserer
geistlichen Trägheit auf, belebe uns neu. Sei unser Schutz und
Schild. Schenk uns Freude an der Gemeinschaft mit dir.

Persönliche Gedanken und Gesprächshilfe

1. *Welchen Gewinn bringt dir die Erfüllung mit dem Heiligen Geist? Nenne vier Vorteile.*

   _____

   _____

2. *Wie oft soll ein Christ um die Fülle des Heiligen Geistes bitten?*

   _____

   _____

3. *Was wird mit unserem Leben geschehen, wenn wir mit dem Heiligen Geist erfüllt werden? (Zitat von Ellen White)*

   _____

   _____

Unsere Gebetszeit

- *Kontaktiere deinen Gebetspartner und besprich das Andachtsthema.*
- *Bete mit deinem Gebetspartner:*
   1. *dass Gott jeden von uns mit dem Heiligen Geist erfüllt.*
   2. *dass unser Leben durch Jesus Christus verändert wird, um seinen Charakter widerspiegeln zu können.*
   3. *für die Menschen auf deiner Gebetsliste.*

Schließt folgenden Vers in euer Gebet mit ein:
„Siehe, des HERRN Auge achtet auf alle, die ihn fürchten, die auf seine Güte hoffen, dass er sie errette vom Tode und sie am Leben erhalte in Hungersnot. Unsre Seele harrt auf den HERRN; er ist uns Hilfe und Schild. Denn unser Herz freut sich seiner, und wir trauen auf seinen heiligen Namen. Deine Güte, HERR, sei über uns, wie wir auf dich hoffen."
(Ps. 33,18-22)

4. Tag

Christus in dir

Wenn sich Gläubige ganz vom Heiligen Geist erfüllen lassen, erlangt Christus immer mehr Einfluss auf ihr tägliches Leben. Jesus verhieß seinen Jüngern, dass Gott ihnen einen anderen Tröster oder Fürsprecher senden werde, der an ihrer Seite und **in** ihnen bleibt: *„Und ich will den Vater bitten, und er wird euch einen andern Tröster geben, dass er bei euch sei in Ewigkeit: den Geist der Wahrheit, den die Welt nicht empfangen kann, denn sie sieht ihn nicht und kennt ihn nicht. Ihr kennt ihn, denn er bleibt bei euch und wird in euch sein.“* (Joh. 14,16.17) Dieser Tröster oder Stellvertreter Christi ist der Heilige Geist. Jesus präzisiert es noch in Vers 18:

„Ich will euch nicht als Waisen zurücklassen; ich komme zu euch.“

Damit meinte Jesus, dass er von jetzt an persönlich durch den Heiligen Geist **unter uns** und **in uns** wohnen will. Jesus lebt ganz real in seinen Jüngern, wenn sie ihr Leben vom Heiligen Geist erfüllen lassen:

„Und wer seine Gebote hält, der bleibt in Gott und Gott in ihm. Und daran erkennen wir, dass er in uns bleibt: an dem Geist, den er uns gegeben hat.“ (1. Joh. 3,24)

Johannes schreibt, dass Jesu wahre Nachfolger ihm – wenn er kommt – „gleich sein werden“:

„Meine Lieben, wir sind schon Gottes Kinder; es ist aber noch nicht offenbar geworden, was wir sein werden. Wir wissen aber: Wenn es offenbar wird, werden wir ihm gleich sein; denn wir werden ihn sehen, wie er ist.“ (1. Joh. 3,2)

Wie ähnlich sollen wir Jesus werden? Der griechische Ausdruck bedeutet „genau wie er“. Wie ist das möglich? Die tägliche Erneuerung durch den Heiligen Geist will uns jetzt darauf vorbereiten, bei seiner Wiederkunft genau wie Jesus zu sein.

„Ich bin mit Christus gekreuzigt. Ich lebe, doch nun nicht ich, sondern Christus lebt in mir. Denn was ich jetzt lebe im Fleisch, das lebe ich im Glauben an den Sohn Gottes, der mich geliebt und sich selbst für mich dahingegeben hat." (Gal. 2,20)

Sind wir mit dem Heiligen Geist erfüllt, wohnt Christus in jedem von uns. Dadurch wird der geisterfüllte Gläubige auch Jesu Gesinnung übernehmen, er liebt Gerechtigkeit und Heiligung, aber er hasst die Sünde:

> *Alle positiven Wesenszüge Jesu wohnen nun auch im geisterfüllten Gläubigen, da Jesus selber in ihm lebt.*

„Denn wer hat des Herrn Sinn erkannt, oder wer will ihn unterweisen? Wir aber haben Christi Sinn." (1. Kor. 2,16)

Gläubige Christen werden sich genauso leidenschaftlich wie Christus für andere Menschen einsetzen und danach streben, ihrem Vater im Himmel zu gehorchen.

Paulus betont dabei, dass den Gläubigen Weisheit, Gerechtigkeit und Heiligkeit von Gott geschenkt werden – all das wird durch den innewohnenden Christus in uns Wirklichkeit:

„Damit sich kein Mensch vor Gott rühme. Durch ihn aber seid ihr in Christus Jesus, der uns von Gott gemacht ist zur Weisheit und zur Gerechtigkeit und zur Heiligung und zur Erlösung, damit, wie geschrieben steht, ‚Wer sich rühmt, der rühme sich des Herrn!'" (1. Kor. 1,29-31)

Alle positiven Wesenszüge Jesu wohnen nun auch im geisterfüllten Gläubigen, da Jesus selber in ihm lebt. Paulus beschrieb dies mit den Worten:

„Christus wird in uns Gestalt gewinnen" (Gal. 4,19), sodass wir täglich Jesus immer ähnlicher werden, denn *„wir werden verklärt in sein Bild von einer Herrlichkeit zur andern von dem Herrn, der der Geist ist".* (2. Kor. 3,18)

Während Gottes Geist immer mehr Einfluss im Leben der Gläubigen gewinnt, werden sie Jesus in jeder Hinsicht *„gleich sein"* (1. Joh. 3,2), und die Frucht des Geistes wächst (Gal. 5,22.23).

Diese Ähnlichkeit mit Jesus wird real, wenn wir täglich von Gottes Geist erfüllt werden und in engem Kontakt mit ihm leben. Durch die Gläubigen wird Christus für die Welt sichtbar. Wir werden zum Mund Jesu, zu seinen Händen, zu seinen Füßen. Wir handeln dann so wie er und werden die „Werke tun", die er getan hat: Predigen, lehren, heilen und Teufel austreiben. Christi Gegenwart, sein Innewohnen im Gläubigen durch das Erfülltsein mit dem Heiligen Geist, ist des Christen einzige Hoffnung, dass Seine Herrlichkeit [Charakter] in uns und durch uns offenbar wird:

„Denen Gott kundtun wollte, was der herrliche Reichtum dieses Geheimnisses unter den Heiden ist, nämlich Christus in euch, die Hoffnung der Herrlichkeit." (Kol. 1,27)

Erhöre uns, Herr, und befreie uns von all den Dingen,
die unser Wachstum in Christus behindern,
als Einzelne und als Gemeinde.
Wir brauchen dich und wünschen uns deine Gegenwart.

Persönliche Gedanken und Gesprächshilfe

1. *Wenn Gläubige die Erfüllung mit dem Heiligen Geist empfangen – wer kommt dann noch zu ihnen?*

   _____

   _____

2. *Welche Auswirkung hat es, wenn Christus durch den Heiligen Geist in den Gläubigen wohnt?*

   _____

   _____

Unsere Gebetszeit

- *Kontaktiere deinen Gebetspartner und besprich das Andachtsthema.*
- *Bete mit deinem Gebetspartner:*
  1. *dass Gott jeden von uns mit dem Heiligen Geist erfüllt.*
  2. *dass Christus voll in uns lebt und seinen Charakter und sein Handeln in uns offenbart.*
  3. *für die Menschen auf deiner Gebetsliste.*
  4. *um die ständige Leitung des Heiligen Geistes.*

Schließt folgenden Vers in euer Gebet mit ein:
„Was hat der Tempel Gottes gemein mit den Götzen? Wir aber sind der Tempel des lebendigen Gottes; wie denn Gott spricht: ‚Ich will unter ihnen wohnen und wandeln und will ihr Gott sein, und sie sollen mein Volk sein.‘“ (2. Kor. 6,16)

5. Tag

Der Heilige Geist
und der Gehorsam

Für die Erfüllung mit dem Heiligen Geist gibt es zwei Hauptanliegen: Ein Anliegen ist, dass wir deutlich Jesus reflektieren:

„Ist doch offenbar geworden, dass ihr ein Brief Christi seid, durch unseren Dienst zubereitet, geschrieben nicht mit Tinte, sondern mit dem Geist des lebendigen Gottes, nicht in steinerne Tafeln, sondern in fleischerne Tafeln des Herzens." (2. Kor. 3,3)

Es ist Gottes Ziel, dass man Christus in uns sehen kann; es geht darum, dass wir ein lebendiger Brief sind, der den Charakter Christi offenbart.

Das zweite Anliegen für die Erfüllung mit dem Heiligen Geist ist es, Kraft zum Zeugnis zu empfangen:

„Ihr werdet aber die Kraft des Heiligen Geist empfangen, welcher auf euch kommen wird, und werdet meine Zeugen sein zu Jerusalem und in ganz Judäa und Samarien und bis an das Ende der Erde." (Apg. 1,8)

In unserer heutigen Andacht wollen wir uns auf das erste Anliegen konzentrieren – das Reflektieren des Charakters Jesu.

Der Heilige Geist war sehr beteiligt als Gott Mose die Zehn Gebote gab. Tatsächlich war es der Heilige Geist, der die Gebote auf steinerne Tafeln schrieb. Dies wird deutlich, wenn wir Jesu Aussage ansehen, in der er „den Finger Gottes" mit dem „Geist Gottes" vergleicht.

„Wenn ich aber die bösen Geister durch den Geist Gottes austreibe, so ist das Reich Gottes zu Euch gekommen." (Matth. 12,28)

„Wenn ich aber durch Gottes Finger die bösen Geister austreibe, so ist ja das Reich Gottes zu Euch gekommen." (Luk. 11,20)

Das zeigt also, dass derselbe Heilige Geist, der die Zehn Gebote auf Steintafeln schrieb, heute Gottes Gesetz in das Herz der geisterfüllten Gotteskinder schreibt.

„Ist doch offenbar geworden, dass ihr ein Brief Christi seid, durch unseren Dienst zubereitet, geschrieben nicht mit Tinte, sondern mit dem Geist des lebendigen Gottes, nicht in steinerne Tafeln, sondern in fleischerne Tafeln des Herzens." (2. Kor. 3,3)

(Ergänzung des Bearbeiters) Nach 1. Korinther 10,4 war es Christus, der in der Wolken- und Feuersäule Gottes Volk durch die Wüste führte. Er führte sie aus Ägypten lt. Judas 4b.5. Daher schließen wir, dass Christus die Zehn Gebote geschrieben hat. – Wir wollen aber auch bedenken, dass Christus als der Schöpfer bezeichnet wird in Joh. 1,1-3+14; Hebr. 1,1.2; Kol. 1,15.16 – Jedoch zeigt uns 1. Mose 1,2, dass der Geist Gottes auch bei der Schöpfung dabei war. Daher können wir hinsichtlich des Schreibens der Gebote auch an eine Zusammenarbeit zwischen Christus und dem Heiligen Geist denken.

Es gibt zwei verschiedene Arten von Gehorsam. Da ist der äußerliche Gehorsam, der zur Gesetzlichkeit führen kann, weil der Gläubige die Gebote hält, damit er zur Belohnung erlöst wird. Das ist ein Gehorsam aus Berechnung. Gott möchte aber, dass wir ihm von Herzen vertrauen und ihm deshalb gehorchen. Daraus entspringt der innere Gehorsam. Er wächst aus einer tiefen Überzeugung und entspringt dem Wunsch, so zu leben, wie Gott es will. Äußerlicher Gehorsam ohne die dazugehörige Herzenseinstellung ist für Gott nicht akzeptabel:

> *Gottes Ziel ist es, dass Christus in uns sichtbar ist, dass wir ein lebendiger Brief sind, der Jesu Charakter deutlich macht.*

„Denn Schlachtopfer willst du nicht, ich wollte sie dir sonst geben, und Brandopfer gefallen dir nicht. Die Opfer, die Gott gefallen, sind ein geängsteter Geist, ein geängstetes, zerschlagenes Herz wirst du, Gott, nicht verachten." (Ps. 51,18.19)

„Dies Volk ehrt mich mit seinen Lippen, aber ihr Herz ist fern von mir." (Matth. 15,8)

Ein Beispiel für den Unterschied zwischen äußerlichem und innerem Gehorsam: Angenommen, mein Vater ist gestorben und ich bin unsicher, ob ich seinen Tod betrauern sollte oder nicht. Ich frage einen Freund um Rat. Wir sprechen über die Lage und schließlich meint mein Freund: „Immerhin ist er dein Vater und du bist sein Sohn.

 **TAGE**

Darum, denke ich, solltest du traurig sein, denn jetzt ist er tot." Ich folge seinem Rat und zeige Trauer. Doch kommt meine Trauer von Herzen? Eher nicht, meine Trauer bleibt an der Oberfläche, geschieht aus reinem Pflichtgefühl. Wahre Trauer ist etwas Spontanes und kommt von Herzen. Eine solche, echte Trauer kann man gar nicht verhindern.

So ist es auch mit unserem Gehorsam gegenüber Gott. Wenn jemand durch den Heiligen Geist in enger Beziehung mit Gott lebt, wird der Gehorsam natürlich und von selbst aus dem Herzen kommen, ohne dass wir groß darüber nachdenken müssten. Versuchungen, die zur Sünde verleiten wollen, werden auf uns einstürmen. Doch Gott hat in uns so einen starken Herzenswunsch hineingelegt, seinen Willen zu befolgen, dass der Hang zum Bösen dadurch überwunden wird.

Durch die Erfüllung mit dem Heiligen Geist wird Gottes Gesetz in unser Herz geschrieben, und wir gehorchen von innen heraus. Dies geschieht jedoch nicht auf Knopfdruck, völlig, wenn wir Jesus annehmen und uns taufen lassen. Es ist keine einmalige Erfahrung. Paulus sagt, wir sollten uns immer wieder neu vom Heiligen Geist füllen lassen, damit Gottes Gesetz in unserem Denken und Fühlen fest eingeprägt bleibt:

„Und sauft euch nicht voll Wein, woraus ein unordentliches Wesen folgt, sondern lasst euch vom Geist erfüllen." (Eph. 5,18)

Ellen White beschrieb diesen „innerlichen" Gehorsam, der aus der täglichen Erfahrung mit dem Heiligen Geist kommt, so:

„Aller wahre Gehorsam entspringt dem Herzen. Auch bei Christus war er eine Herzenssache. Wenn wir mit ihm übereinstimmen, wird sich Christus so mit unseren Gedanken und Zielen gleichsetzen und werden unsere Herzen und Sinne so mit seinem Willen verschmelzen, dass wir, wenn wir ihm gehorsam sind, unsere eigenen Absichten verwirklichen. Der Wille wird, geläutert und geheiligt, seine höchste Freude darin finden, seinem Beispiel der Hingabe zu folgen. Würden wir Gott so kennen, wie wir ihn nach seiner Gnade kennen dürfen, dann könnte unser Leben von beständigem Gehorsam geprägt sein. Weil wir die Wesenszüge Christi schätzen und bewundern und mit Gott eng verbunden leben, wird uns die Sünde abstoßen – wir werden sie hassen." (nach: Das Leben Jesu, S. 666)

Persönliche Gedanken und Gesprächshilfe

1. *Was sind laut dieser Lektion zwei Ziele Gottes, für die wir den Heiligen Geist empfangen?*

    _____

    _____

2. *Welche unterschiedlichen Motive können einen Christen zum Gehorsam bewegen?*

    _____

    _____

3. *Welche Art von Gehorsam wünscht sich Gott?*

    _____

    _____

4. *Wie beschreibt Ellen White den „Herzensgehorsam"?*

    _____

    _____

Unsere Gebetszeit

*   *Bleibe in Kontakt mit den Personen auf deiner Gebetsliste, erzähle ihnen von deiner Fürbitte für sie und frage sie nach ihren Anliegen, für die du beten kannst.*
*   *Kontaktiere deinen Gebetspartner und besprich das Andachtsthema.*
*   *Bete mit deinem Gebetspartner:*
    1. *dass Gott jeden von uns täglich mit seinem Geist erfüllt.*
    2. *dass Gott sein Gesetz in unser Herz schreibt.*
    3. *für die Menschen auf deiner Gebetsliste.*
    4. *um die ständige Leitung des Heiligen Geistes.*

Schließt folgenden Vers in euer Gebet mit ein:
„Schaffe in mir, Gott, ein reines Herz und gib mir einen neuen, beständigen Geist. Verwirf mich nicht von deinem Angesicht und nimm deinen Heiligen Geist nicht von mir. Erfreue mich wieder mit deiner Hilfe und mit einem willigen Geist rüste mich aus." (Ps. 51,12-14)

6. Tag

Den Heiligen Geist betrüben

Wir können durch unser Denken, Reden und Handeln den Heiligen Geist betrüben. Wenn wir ihn nicht täglich suchen und auch nicht mit ihm zusammenarbeiten, indem wir ihm folgen, wohin er uns auch führt, wird sich unsere Beziehung zu ihm lockern.

Gott zwingt keinen. Wenn wir den Heiligen Geist empfangen, wird er einen großen Einfluss auf unser Alltagsleben ausüben. Wir werden seine Stimme immer besser hören. Er wird uns täglich ermutigen, auf Gott zu hören und ständig in seinem Wort zu lesen und mit ihm zu reden. Der Heilige Geist weckt in uns die Liebe zur Gerechtigkeit und den Hass gegen die Sünde. Wir können uns allerdings jederzeit dafür entscheiden, seine Stimme zu überhören. Doch dadurch setzt ein Prozess ein, bei dem der Heilige Geist „betrübt" oder „gedämpft" wird. In vielen Bibelstellen gibt uns Paulus praktische Ratschläge, wie wir dies vermeiden können. Diese praktischen Empfehlungen an christliche Gläubige haben zum Ziel, dass uns die Fülle des Heiligen Geistes immer zur Verfügung steht. Hier sind zwei solcher Ratschläge:

„und zieht den neuen Menschen an, der nach Gott geschaffen ist in wahrer Gerechtigkeit und Heiligkeit. Darum legt die Lüge ab und redet die Wahrheit, ein jeder mit seinem Nächsten, weil wir untereinander Glieder sind. Zürnt ihr, so sündigt nicht; lasst die Sonne nicht über eurem Zorn untergehen, und gebt nicht Raum dem Teufel. Wer gestohlen hat, der stehle nicht mehr, sondern arbeite und schaffe mit eigenen Händen das nötige Gut, damit er dem Bedürftigen abgeben kann. Lasst kein faules Geschwätz aus eurem Mund gehen, sondern redet, was gut ist, was erbaut und was notwendig ist, damit es Segen bringe denen, die es hören.

Und betrübt nicht den Heiligen Geist Gottes, mit dem ihr versiegelt seid für den Tag der Erlösung. Alle Bitterkeit und Grimm und Zorn und Geschrei und Lästerung seien fern von euch samt aller Bosheit. Seid aber untereinander freundlich und herzlich und vergebt einer dem andern, wie auch Gott euch vergeben hat in Christus." (Eph. 4,24-32)

„Wir ermahnen euch aber, liebe Brüder: Weist die Unordentlichen zurecht, tröstet die Kleinmütigen, tragt die Schwachen, seid geduldig gegen jedermann. Seht zu, dass keiner dem andern Böses mit Bösem vergelte, sondern jagt allezeit dem Guten nach untereinander und gegen jedermann. Seid allezeit fröhlich, betet ohne Unterlass, seid dankbar in allen Dingen; denn das ist der Wille Gottes in Christus Jesus an euch. Den Geist dämpft nicht." (1. Thess. 5,14-19)

> **Wenn wir spüren, dass wir uns von Gott entfernt haben, sollten wir keinen Augenblick zögern und sofort unsere Sünden bekennen.**

Paulus wusste, dass Gottes Geist die Gläubigen zum Guten beeinflussen will, wie das in diesen Bibelstellen geschildert wird. Doch wenn wir seinen Einfluss ignorieren und uns gegen seine Führung wehren, wird es gefährlich: Wir betrüben und dämpfen den Heiligen Geist.

Doch lass dich nicht entmutigen, wenn du merkst, dass du den Heiligen Geist betrübt hast!

Bitte Gott um Vergebung und du wirst Vergebung erhalten (1. Joh. 1,9). Dann bitte erneut im Glauben um den Heiligen Geist, und Gott wird auch diese Bitte erfüllen (Luk. 11,13).

David erlebte Gottes gnädige Vergebung. Er brach die Ehe, er mordete. Er widerstand der mahnenden Stimme Gottes in seinem Leben, als er sich in diese schrecklichen Sünden verstrickte. Doch als er durch Gottes Geist von seiner Sünde überführt wurde, wandte er sich im Gebet wieder Gott zu:

„Verbirg dein Antlitz vor meinen Sünden und tilge alle meine Missetat. Schaffe in mir, Gott, ein reines Herz, und gib mir einen neuen, beständigen Geist. Verwirf mich nicht von deinem Angesicht und nimm deinen Heiligen Geist nicht von mir. Erfreue mich wieder mit deiner Hilfe, und mit einem willigen Geist rüste mich aus." (Ps. 51,11-14)

Wenn wir spüren, dass wir uns von Gott entfernt haben, sollten wir keinen Augenblick zögern und sofort unsere Sünden bekennen sowie Gottes Vergebung annehmen. Und dann Gott beim Wort nehmen, denn er hat versprochen, uns durch seinen Geist innerlich zu erneuern. So hat es David gemacht.

Und das wird uns innerlich wieder aufbauen und stärken, und wir können dann dem Satan widerstehen:

„Dass er euch Kraft gebe nach dem Reichtum seiner Herrlichkeit, stark zu werden durch seinen Geist an dem inwendigen Menschen, dass Christus durch den Glauben in euren Herzen wohne und ihr in der Liebe eingewurzelt und gegründet seid. So könnt ihr mit allen Heiligen begreifen, welches die Breite und die Länge und die Höhe und die Tiefe ist, auch die Liebe Christi erkennen, die alle Erkenntnis übertrifft, damit ihr erfüllt werdet mit der ganzen Gottesfülle." (Eph. 3,16-19)

Wir dienen einem wunderbaren Gott. Wenn wir versagt haben, dann wollen wir uns erinnern:

„Barmherzig und gnädig ist der HERR, geduldig und von großer Güte. Er wird nicht für immer hadern noch ewig zornig bleiben. Er handelt nicht mit uns nach unsern Sünden und vergilt uns nicht nach unserer Missetat. Denn so hoch der Himmel über der Erde ist, lässt er seine Gnade walten über denen, die ihn fürchten. So fern der Morgen ist vom Abend, lässt er unsre Übertretungen von uns sein. Wie sich ein Vater über Kinder erbarmt, so erbarmt sich der HERR über die, die ihn fürchten." (Ps. 103,8-13)

Erneuere unsere Herzen, dass wir uns dir völlig übergeben. Erweise dich mächtig und verändere uns, damit wir erweckt und erneuert werden. Vergib uns, wo wir durch unser Versagen deine Pläne durchkreuzt haben.

Persönliche Gedanken und Gesprächshilfe

1. *Nenne einige Verhaltensweisen und Einstellungen, die der Heilige Geist im Leben des Christen fördern möchte*

   _____

   _____

2. *Auf welche Weise betrüben Christen den Heiligen Geist?*

   _____

   _____

3. *Was solltest du tun, wenn du den Heiligen Geist betrübt hast?*

   _____

   _____

4. *Was für eine Einstellung hat Gott seinen Kindern gegenüber?*

   _____

   _____

Unsere Gebetszeit

- *Kontaktiere deinen Gebetspartner und besprich das Andachtsthema.*
- *Bete mit deinem Gebetspartner:*
   1. *dass Gott jeden von uns weiterhin mit seinem Geist erfüllt.*
   2. *dass Gott uns vergibt, wenn wir durch Gedanken, Worte oder Taten den Heiligen Geist betrübt haben.*
   3. *dass Gott uns den Wunsch schenkt, die Stimme des Heiligen Geistes zu hören.*
   4. *für die Menschen auf deiner Gebetsliste.*
   5. *dass wir weiterhin das Wirken des Heiligen Geistes suchen.*

Schließt folgenden Vers in euer Gebet mit ein:
„Denn des HERRN Augen schauen alle Lande, dass er stärke, die mit ganzem Herzen bei ihm sind." (2. Chron. 16,9)

7. Tag

Der Spätregen

Wenn wir geistlich wachsen und uns auf die endzeitliche Ausgießung des Heiligen Geistes vorbereiten wollen, müssen wir uns täglich mit dem Heiligen Geist verbinden. Dadurch möchte Gott sein Volk für die letzte Krise und für die Wiederkunft Jesu bereit machen. Viele vernachlässigen jedoch dieses tägliche Auftanken und meinen, sie müssten auf die Ausgießung des Spätregens warten – dann würden sie ihre Gewohnheitssünden überwinden und geistliche Reife erlangen. Diese Ansicht ist für alle, die daran festhalten, unheilvoll.

Ellen White warnte:

„Jene, die das Siegel des lebendigen Gottes empfangen und in der Zeit der Trübsal beschützt werden, müssen das Bild Jesu vollkommen widerspiegeln. Ich sah, dass viele die so sehr benötigte Vorbereitung versäumten und auf die Zeit der Erquickung und auf den Spätregen schauten, die sie bereit machen sollten, am Tag des Herrn zu bestehen und vor seinem Angesicht zu leben. O, wie viele sah ich in der Zeit der Trübsal ohne irgendeinen Schutz! Sie hatten die nötige Vorbereitung vernachlässigt." (Frühe Schriften, S. 61)

Doch der Sieg über alle Versuchungen und die Gewohnheitssünden ist die Bedingung dafür, dass wir den Segen des Spätregens erfahren. Satan belügt uns, wenn er uns einredet, wir müssten das Sündenproblem in unserem Leben nicht so ernst nehmen:

„So tut nun Buße und bekehrt euch, dass eure Sünden getilgt werden." (Apg. 3,19)

„Wir wissen ja, dass unser alter Mensch mit ihm gekreuzigt ist, damit der Leib der Sünde vernichtet werde, sodass wir hinfort der Sünde *nicht dienen. So auch ihr, haltet dafür, dass ihr der Sünde gestorben seid, und lebt Gott in Christus Jesus. So lasst nun die Sünde nicht herrschen in eurem sterblichen Leibe und leistet seinen Begierden keinen Gehorsam. Auch gebt nicht der Sünde eure Glieder hin als Waffen der Ungerechtigkeit, sondern gebt euch selbst Gott hin, als solche, die tot waren und nun lebendig sind, und eure Glieder Gott als Waffen der Gerechtigkeit. Denn die Sünde wird nicht herrschen können über euch, weil ihr ja nicht unter dem Gesetz seid, sondern unter der Gnade.“* (Röm. 6,6.11-14)

Ellen White bestätigte dies mit diesen Worten:

> **Der Schlüssel zum Sieg über Versuchungen liegt in unserer Hand. Erlauben wir Jesus, dass er sein siegreiches Leben in uns und durch uns lebt!**

„Ich sah, dass keiner an der Erquickung [des Spätregens] teilhaben kann, der nicht den Sieg über jegliche Sünde, über Stolz, Selbstsucht, Liebe zur Welt und über jedes unrechte Wort und jede unrechte Tat erlangt hat.“ (Frühe Schriften, S. 62)

Dies kann dir zurzeit unrealistisch erscheinen. Und doch liegt der Schlüssel zum Sieg über Versuchungen in unserer Hand: Wir können Jesus erlauben, dass er sein siegreiches Leben in uns und durch uns lebt. Diese wunderbare Wahrheit werden wir noch in den weiteren Andachten besprechen.

Dass der Heilige Geist in den letzten Tagen noch einmal in großer Machtfülle ausgegossen wird, das hat Petrus klar gepredigt, indem er den Propheten Joel zitierte. Was zu Pfingsten geschah, war laut Petrus eine unmittelbare Erfüllung dieser Prophezeiung.

Petrus wies darauf hin, als er zu Pfingsten zur großen Zuhörerschar sagte: *„Sondern das ist's, was durch den Propheten Joel gesagt worden ist* (Joel 3,1-5):

„Und es soll geschehen in den letzten Tagen, spricht Gott, da will ich ausgießen von meinem Geist auf alles Fleisch; und eure Söhne und eure Töchter sollen weissagen, und eure Jünglinge sollen Gesichte sehen, und eure Alten sollen Träume haben; und auf meine Knechte und auf meine Mägde will ich in jenen Tagen von meinem Geist ausgießen, und sie sollen weissagen.“ (Apg. 2,16-18)

TAGE

Im folgenden Zitat beschreibt Ellen White den Segen des Spätregens, der vor dem Ende der Zeit kommen wird, damit Gottes Volk auf die Wiederkunft Jesu vorbereitet ist:

„Der Spätregen, der die Ernte der Erde zur Reife bringt, ist ein Sinnbild für die geistliche Gnade, die die Gemeinde für das Kommen Jesu vorbereitet. Aber solange der Frühregen nicht gefallen ist, wird es kein Leben geben; der grüne Halm wird nicht aus dem Boden sprießen. Wenn der Frühregen nicht sein Werk getan hat, kann der Spätregen keine Pflanze zum Reifen bringen." (The Faith I Live By, S. 333)

Wir müssen täglich mehr in die Gnade Christi hineinwachsen und den Heiligen Geist an uns wirken lassen, damit wir den Spätregen überhaupt bemerken und erkennen.

Ellen White macht dies sehr deutlich:

„Wenn wir nicht täglich im Ausleben der christlichen Tugenden Fortschritte machen, werden wir die Auswirkungen des Spätregens nicht bemerken. Er mag auf die Herzen um uns herum fallen, aber wir werden dies weder erkennen noch ihn selbst empfangen." (Testimonies to Ministers and Gospel Workers, S. 507)

Wenn du noch nicht die Fülle des Heiligen Geistes erhalten hast, zögere dies keinen weiteren Tag hinaus. Das sollte die wichtigste Angelegenheit in unserem Leben sein, denn diese Gabe wird alle anderen Gaben mit sich bringen. Die Erfüllung mit dem Heiligen Geist wird uns in eine engere Beziehung mit Jesus bringen und unsere Teilnahmslosigkeit in Begeisterung verwandeln, unsere Schwachheit in Stärke, und unser Zeugnis wird Wirkung zeigen – mehr als alles, was wir je erlebt haben:

„Ich bin mit Christus gekreuzigt. Ich lebe, doch nun nicht ich, sondern Christus lebt in mir. Denn was ich jetzt lebe im Fleisch, das lebe ich im Glauben an den Sohn Gottes, der mich geliebt hat und sich selbst für mich dahingegeben." (Gal. 2,20)

Erlöse uns von unserer geistlichen Trägheit und schütze uns vor Satans Angriffen. Bereite uns auf den Spätregen vor!

Persönliche Gedanken und Gesprächshilfe

1. *Welches Bild gebraucht die Bibel, um die endzeitliche Ausgießung des Heiligen Geistes zu beschreiben?*

   _____

   _____

2. *Wie notwendig ist für den Christen die Erfüllung mit dem Heiligen Geist im Hinblick auf den Segen des Spätregens? Warum ist es notwendig, bereits vor dessen Ausgießung von Gottes Geist erfüllt zu sein?*

   _____

   _____

3. *Welche Veränderungen im Leben geisterfüllter Menschen müssen erfolgen, damit sie für den Spätregen vorbereitet sind?*

   _____

   _____

4. *Ist es weise auf den Spätregen zu warten, bevor wir das Problem der Sünde in unserem Leben ernstnehmen?*

   _____

   _____

Unsere Gebetszeit

- *Kontaktiere deinen Gebetspartner und besprich das Andachtsthema.*
- *Bete mit deinem Gebetspartner:*
  1. *dass Gott jeden von uns weiterhin durch seinen Geist stärkt.*
  2. *dass Gott uns darauf vorbereitet, den Spätregen zu erhalten.*
  3. *für die Menschen auf deiner Gebetsliste.*

Schließt folgenden Vers in euer Gebet mit ein:
„Der Engel des HERRN lagert sich um die her, die ihn fürchten, und hilft ihnen heraus." (Ps. 34,8)

8. Tag

Der Heilige Geist
und Jesu Wiederkunft

Eine gute Nachricht: Jesus kommt wieder und zwar bald! Daran glaube ich nicht nur wegen der Terror-Anschläge, der Kriege in der Welt und der vielen Seuchen und Naturkatastrophen – all dies sind Zeichen dafür, dass das Ende naht. Aber noch etwas anderes stärkt meine Überzeugung, dass Christi Wiederkunft vor der Tür steht.

Es ist sein Wirken unter uns, sodass wir das Erfülltsein mit dem Heiligen Geist verstehen und uns täglich neu füllen lassen.

Die letzten Verse von Offenbarung 6 beschreiben die Wiederkunft Jesu und stellen die Frage: „Wer kann bestehen?" Mit anderen Worten: Wer wird dieses Ereignis überleben? Die Antwort finden wir in Offenbarung 7,1-3:

„Danach sah ich vier Engel stehen an den vier Ecken der Erde, die hielten die vier Winde der Erde fest, damit kein Wind über die Erde blase noch über das Meer noch über irgendeinen Baum. Und ich sah einen andern Engel aufsteigen vom Aufgang der Sonne her, der hatte das Siegel des lebendigen Gottes und rief mit großer Stimme zu den vier Engeln, denen Macht gegeben war, der Erde und dem Meer Schaden zu tun: Tut der Erde und dem Meer und den Bäumen keinen Schaden, bis wir versiegeln die Knechte unseres Gottes an ihren Stirnen."

Nur wer das Siegel Gottes trägt, wird die Wiederkunft Jesu überleben. Gott hält die vielen zerstörerischen Kräfte auf unserem Planeten so lange zurück, bis Gottes Volk versiegelt ist. Dabei stellt sich die wichtige Frage: Wie werden wir versiegelt? Die Bibel sagt, dass die Versiegelung durch den Heiligen Geist geschieht:

„Und betrübt nicht den Heiligen Geist Gottes, mit dem ihr versiegelt seid für den Tag der Erlösung." (Eph. 4,30)

Das ist ganz praktisch das Erfülltsein mit dem Heiligen Geist. Indem wir täglich Jesus unser Leben übergeben und jeden Tag aufs Neue die Gemeinschaft des Heiligen Geistes suchen, werden wir versiegelt und auf Christi Wiederkunft vorbereitet.

Gott wartet nicht auf mehr Terroranschläge, auf den Ausbruch weiterer Seuchen oder auf mehr Naturkatastrophen. Ellen White sagt uns, worauf Jesus wartet:

„Christus wartet voll Sehnsucht darauf, dass er in seiner Gemeinde Gestalt gewinnen kann. Wenn der Charakter Christi zum Wesensmerkmal seines Volkes geworden ist, wird er wieder kommen und es zu sich nehmen." (Bilder vom Reiche Gottes, S. 51)

Nur durch das Erfülltwerden mit dem Heiligen Geist kann dies in unserem Leben geschehen, und nur dadurch werden wir bereit sein, wenn die Engel die Stürme der Zerstörung loslassen.

Ellen White schreibt: „Nichts anderes als das [Erfülltsein] durch den Heiligen Geist bringt die Gemeinde in den rechten Zustand, damit das Volk Gottes auf den schnell nahenden Konflikt vorbereitet ist." (Manuscript Releases, vol. 2, p. 30)

Es gibt eine Gefahr unter Siebenten-Tags-Adventisten. Wir wähnen uns sicher und denken, wir seien für die Wiederkunft Christi vorbereitet, weil wir Bescheid wissen über den Sabbat, den Zustand der Toten, das Malzeichen des Tieres und über die Art und Weise, wie Jesus wiederkommen wird. Das ist ein tödlicher Irrtum. Die genannten Lehren sind wichtig; doch unser Wissen allein wird uns nicht erlösen. Es waren Zehnten zahlende, den Sabbat haltende Gesundheits-Reformer, die Jesus ans Kreuz brachten. Nein, nicht was wir wissen, bringt uns die Rettung, sondern Der, den wir kennen (Joh. 17,3). Wir müssen eine innige Beziehung zu Jesus Christus pflegen, damit wir auf seine Wiederkunft vorbereitet sind.

Heute ruft Gott uns auf, den Heiligen Geist zu empfangen, damit wir das Wesen Christi widerspiegeln können: *„Meine Lieben, wir sind schon Gottes Kinder; es ist aber noch nicht offenbar geworden, was wir sein werden. Wir wissen aber: Wenn es offenbar wird, werden wir ihm gleich sein; denn wir werden ihn sehen, wie er ist."* (1. Joh. 3,2)

Dann werden wir den Spätregen empfangen können und für seine Wiederkunft bereit sein.

Die Gemeinde hat jedoch ein Problem. Gott sagt uns, dass wir im Zustand von Laodizea leben – wir sind träge, und unsere Liebe zu Jesus ist abgekühlt. Falls wir uns nicht ändern, sind wir nicht auf Jesu Wiederkunft vorbereitet. Doch Gott bietet uns auch eine Lösung an: Lass Jesus völlig in dein Leben hinein: *„Siehe, ich stehe vor der Tür und klopfe an. Wenn jemand meine Stimme hören wird und die Tür auftun, zu dem werde ich hineingehen und das Abendmahl mit ihm halten und er mit mir."* (Offb. 3,20)

Wie können wir Jesus einlassen und die notwendige innige Beziehung zu ihm aufbauen?

Ellen White rät uns: „Wir müssen eine lebendige Verbindung mit Gott pflegen. Wir müssen durch den Heiligen Geist mit Kraft von oben ausgerüstet sein, um Gottes Maßstab gerecht zu werden. Es steht uns keine andere Hilfe zur Verfügung." (Review and Herald, April 5, 1892)

> *Nimm unseren Stolz und unseren Hochmut weg.*
> *Schenke uns eine demütige Haltung.*
> *Rette uns von unserem sündigen Wesen und bewahre uns vor*
> *geistlichem Stillstand und Rückschritt.*

Persönliche Gedanken und Gesprächshilfe

1. *Warum halten Engel die vier Winde der Zerstörung auf dieser Erde zurück?*

   _____

   _____

2. *Genügt es, die Lehren der Bibel zu kennen, um gerettet zu werden? Warum bzw. warum nicht?*

   _____

   _____

3. *Wie werden wir versiegelt? Was sagt die Bibel darüber?*

   _____

   _____

4. *Was für einen Einfluss übt der Heilige Geist auf unsere Beziehung zu Jesus Christus aus?*

   _____

   _____

5. *Was wird dich auf die letzte Krise vorbereiten?*

   _____

   _____

Unsere Gebetszeit

- *Kontaktiere deinen Gebetspartner und besprich das Andachtsthema.*
- *Bete mit deinem Gebetspartner:*
  1. *dass Gott jeden von uns täglich mit seinem Heiligen Geist erfüllt.*
  2. *dass Gott uns auf die letzte Krise und die Wiederkunft vorbereitet.*
  3. *für die Menschen auf deiner Gebetsliste.*

Schließt folgenden Vers in euer Gebet mit ein:
„Der HERR ist nahe denen, die zerbrochenen Herzens sind, und hilft denen, die ein zerschlagenes Gemüt haben." (Ps. 34,19)

Zweiter Teil

Der Heilige Geist und das Gebet

9. Tag

Gottes Geist bewirkt
ein Verlangen nach Gebet

W er vom Geist Gottes erfüllt ist, in dem wächst eine tiefe Sehnsucht nach mehr Nähe zum himmlischen Vater, nach einer
engeren Verbindung durch das Gebet.

*„Aber über das Haus David und über die Bürger Jerusalems will ich
ausgießen den Geist der Gnade und des Gebets."* (Sach. 12,10a)

Wir können diesen Hunger nach Gebet beachten oder ignorieren.
Wenn wir jedoch Gott in seiner Tiefe erfahren und ein Leben führen
möchten, das von Christus erfüllt ist, müssen wir diesem Wunsch zum
Beten nachgeben. Wollen wir erleben, wie Gottes Macht uns von dem
befreit, mit dem Satan uns bedrängen will? Wollen wir spüren, wie
Gottes Kraft durch uns wirkt, indem andere durch uns zur Freiheit
gelangen und gesegnet werden? Dann müssen wir viel Zeit im Gebet
verbringen.

Für Christen ist das nichts Neues. Wir wissen, wie wichtig das Beten ist. Immer wieder haben wir uns darum bemüht, mehr Zeit im
Gebet zu verbringen. Allerdings wurden diese intensiven Gebetszeiten
meist durch Krisen ausgelöst, und unser Schwung ließ bald wieder
nach.

Wir entscheiden und handeln auf eigene Faust. Das gilt für unsere
privaten Probleme, aber auch für die Anliegen der Gemeinde.

Wir haben uns angewöhnt, auf unsere eigene Leistung zu vertrau-
en, wenn wir uns für Gott einsetzen. Wir beteiligen uns an Plänen
und Programmen. Dabei verlassen wir uns auf unsere menschlichen
Möglichkeiten, auf das „Fleisch", während wir doch Gottes Werk tun
wollen. In seiner Barmherzigkeit hat Gott trotzdem unser schwaches

Bemühen gesegnet. Dabei wartet ein Segen auf uns, der unsere kühnsten Erwartungen übertreffen wird! Lassen wir uns doch von seinem Geist füllen und pflegen wir eine enge Verbindung mit ihm durch das Gebet – so wie er sich das für uns wünscht. Erst dann werden wir so planen, wie Gott es will, und unsere Beschäftigungen werden Gottes Absichten widerspiegeln.

Jesus hatte eine tiefe und starke Beziehung zu seinem Vater. Seine Verbindung zu ihm war so eng und so innig, dass er sagen konnte:

„Ich und der Vater sind eins." (Joh. 10,30)

Alles, was Jesus tat, vollbrachte er unter der Leitung seines Vaters. Er ließ sich in allem, was er sagte und tat, von Gott führen und sich von ihm stärken. Darauf wies er immer wieder hin:

„Glaubst du nicht, dass ich im Vater bin und der Vater in mir? Die Worte, die ich zu euch rede, die rede ich nicht von mir selbst. Der Vater, der in mir wohnt, der tut seine Werke." (Joh. 14,10)

> **Wenn wir uns von seinem Geist füllen und eine enge Verbindung mit ihm durch das Gebet pflegen, dann wartet auf uns ein Segen, der unsere kühnsten Erwartungen übertreffen wird.**

Wie erreichte Jesus eine so enge Verschmelzung mit seinem Vater? Indem er täglich die Gemeinschaft mit ihm suchte und pflegte. Durch diesen ständigen Kontakt war er auf die Aufgaben vorbereitet, die er auf unserer Erde erfüllen sollte. Und darum konnte er über Satan siegen und ihn bezwingen:

„Und Jesus kam in der Kraft des Geistes wieder nach Galiläa, und die Kunde von ihm erscholl durch alle umliegenden Orte." (Luk. 14,14)

Die „40 Tage im Gebet" – ein Projekt, an dem du teilnehmen willst, können die gleiche enge Verbindung mit Gott wachsen lassen. In diesen 40 Tagen wirst auch du die Erfahrung machen, dass Gott dich fähig macht, über Satans Versuchungen zu siegen. Und er gibt dir Kraft, ein Zeuge Jesu zu sein. Durch dich möchte er selbst anderen dienen und ihnen helfen.

Lehre uns Demut und wecke in uns den tiefen Wunsch,
eine Gemeinde zu sein, die eng mit dir im Gebet
verbunden lebt.
Lass uns erkennen, welche Wege in die Irre führen,
und hilf uns, zu dir zurückzukehren.
Erhöre unser Gebet,
vergib uns und heile uns von unserer Neigung,
uns durch so vieles von dir ablenken zu lassen.

Persönliche Gedanken und Gesprächshilfe

1. *Worauf vertrauen die meisten Christen in erster Linie –
    auf die eigenen Fähigkeiten und Anstrengungen – oder auf das Gebet?
    Ist dies gut oder schlecht?*

    _____

    _____

2. *Beschreibe das Gebetsleben Jesu. Was sagte Jesus über die Beziehung
    zu seinem Vater?*

    _____

    _____

3. *Was denkst du: Was für ein Gebetsleben wünscht sich Jesus von dir?
    Wie möchte der Heilige Geist dein Gebetsleben beeinflussen?*

    _____

    _____

Unsere Gebetszeit

*   *Kontaktiere deinen Gebetspartner und besprich das Andachtsthema.*
*   *Bete mit deinem Gebetspartner:*
    1. *dass Gott jeden von uns weiterhin mit seinem Heiligen Geist
        erfüllt.*
    2. *Gott gebe uns einen stärkeren Hunger nach dem Gebet.*
    3. *für die Menschen auf deiner Gebetsliste.*

Schließt folgenden Vers in euer Gebet mit ein:
„Wenn dann mein Volk, über das mein Name genannt ist, sich demütigt,
dass sie beten und mein Angesicht suchen und sich von ihren bösen Wegen
bekehren, so will ich vom Himmel her hören und ihre Sünde vergeben
und ihr Land heilen." (2. Chron. 7,14)

10. Tag

Jesus und die Jünger
sind unsere Vorbilder im Gebet

Immer wieder sehen wir Jesus im Gebet während seines Dienstes auf Erden. Nachdem er die vielen Zuhörer unterrichtet und viele von ihren Krankheiten geheilt hat, heißt es:

„Er aber zog sich zurück in die Wüste und betete." (Luk. 5,16)

Lukas erwähnt Jesu Gebet, bevor er die zwölf Apostel beruft:

„Es begab sich aber zu der Zeit, dass er auf einen Berg ging, um zu beten; und er blieb die Nacht über im Gebet zu Gott. Und als es Tag wurde, rief er seine Jünger und erwählte zwölf von ihnen, die er auch Apostel nannte." (Luk. 6,12.13)

Ein weiteres Beispiel: Jesus betete auf dem Berg der Verklärung (Luk. 9,29). Der Heilige Geist weckte in ihm das Verlangen, mit seinem himmlischen Vater viel Zeit zu verbringen. Jesus gab der tiefen Sehnsucht nach Gebet nach, er räumte dafür Zeit ein, denn er wusste, dass er nur durch diese Verbindung ganz mit seinem Vater eins sein konnte. Nur dadurch wurde er fähig, seinen Auftrag zu erfüllen.

Jesus errang seine Siege über das Böse, das Satan angerichtet hatte, in der stillen Gemeinschaft mit seinem Vater. Wir lesen, wie Jesus mit Besessenheit, Krankheit, Tod und Sturm konfrontiert wurde; doch sehen wir ihn in diesen Momenten nicht im Gebet vertieft. In diesen Konfliktsituationen hören wir nicht, dass Jesus seinen Vater um die Macht zur Befreiung anfleht. Diese Vollmacht hatte er bereits vorher empfangen – in seiner ganz persönlichen Gebetszeit. Wenn er dann Satan und seinem Zerstörungswerk im Leben von Männern und Frauen gegenüberstand, gab er in der Vollmacht seines Vaters einen Befehl – und die Kraft Satans war gebrochen. Christus sprach, und Teufel wurden ausgetrieben, Kranke wurden gesund, Tote wachten wieder auf und der Sturm wurde still.

Daraus wird eines deutlich: Während der Zeit des Gebets verschmolz Jesus mit seinem Vater. In dieser Einheit verharrte er und konnte über seine Feinde triumphieren, denn auch nach der Gebetszeit war der Vater bei ihm. Seine Gegenwart war ihm Tag für Tag bewusst, in jedem Augenblick. Sein ganzes Leben lang pflegte Jesus dieses bewusste und sehr reale Einssein mit dem Vater.

Sein Gebetsleben verlieh ihm den Sieg, wann immer er Satan gegenübertrat, denn Jesus war auf den Kampf gut vorbereitet.

Jesu vorbildliches Gebetsleben hinterließ bei seinen Jüngern einen tiefen Eindruck. Das Gebet stand im Mittelpunkt ihres Dienstes. Auch als die Gemeinde wuchs und die Zeit der Apostel immer mehr beansprucht wurde, hielten sie an dieser Rangordnung fest.

> *Weil die Apostel durch ihr intensives Gebetsleben geprägt waren, waren sie stark.*

Außerdem wurden Diakone für die tägliche Versorgung eingesetzt. Die Jünger beschrieben die Rangliste ihrer Tätigkeit so:

„Wir aber wollen ganz beim Gebet und beim Dienst des Wortes bleiben." (Apg. 6,4)

Auch die Gläubigen der ersten Christengemeinde waren für ihr Gebetsleben bekannt. Von ihnen wird gesagt:

„Sie blieben aber beständig in der Lehre der Apostel und in der Gemeinschaft und im Brotbrechen und im Gebet." (Apg. 2,42)

Diese ersten Gläubigen beteten im Tempel, in den Heimen und draußen in der Natur:

„Am Sabbattag gingen wir hinaus vor die Stadt an den Fluss, wo wir dachten, dass man zu beten pflegte." (Apg. 16,13)

Für die Apostel war das Gebet höchst wichtig. Paulus schrieb, er bete Tag und Nacht für die Gläubigen:

„Wir bitten Tag und Nacht inständig, dass wir euch von Angesicht sehen, um zu ergänzen, was an eurem Glauben noch fehlt." (1. Thess. 3,10)

Weil die Apostel durch ihr intensives Gebetsleben geprägt waren, waren sie stark, und Christus wirkte durch sie. Auch die ersten Christen

verließen sich aufs Gebet. Daher konnte Gott durch sie außergewöhnliche Taten und Wunder vollbringen. Und weil Jesus seinen Geist sandte, wurde das Evangelium in alle Welt getragen.

„... *wenn ihr nur bleibt im Glauben, gegründet und fest, und nicht weicht von der Hoffnung des Evangeliums, das ihr gehört habt und das gepredigt ist allen Geschöpfen unter dem Himmel. Sein Diener bin ich, Paulus, geworden.“* (Kol. 1,23)

Gott ruft jeden Gläubigen auf, ein mächtiger Gebetskämpfer zu werden.

Öffne meinen Verstand, um deine Lehre zu verstehen. Lass mich ohne Unterlass über dich nachdenken und zu dir beten.

Persönliche Gedanken und Gesprächshilfe

1. *Warum verbrachte Jesus so viel Zeit im Gebet?*

   _____

   _____

2. *Wie hat Jesu vorbildliches Gebetsleben seine Jünger beeinflusst?*

   _____

   _____

3. *Wie war das Gebetsleben der ersten Christen?*

   _____

   _____

4. *Was möchtest du in deinem Gebetsleben ändern?*

   _____

   _____

Unsere Gebetszeit

- *Kontaktiere deinen Gebetspartner und besprich das Andachtsthema.*
- *Bete mit deinem Gebetspartner:*
  1. *dass Gott weiterhin jeden von uns durch seinen Heiligen Geist leitet.*
  2. *er möge aus uns Gebetskämpfer machen, so wie es Jesus und die ersten Christen waren.*
  3. *für die Menschen auf deiner Gebetsliste.*

Schließt folgenden Vers in euer Gebet mit ein:
„Lass mich verstehen den Weg deiner Befehle, so will ich reden von deinen Wundern." (Ps. 119,27)

11. Tag

Warum ist Beten eine Notwendigkeit?

Obwohl die meisten Christen wissen, dass das Gebet wichtig ist, verstehen viele doch nicht, warum es absolut unerlässlich ist. Viele fragen sich: „Wenn Gott allmächtig ist und stets sein Wille geschieht, warum sollen wir ihn bitten, dass sein Wille geschehe und sich seine Pläne verwirklichen?" Einige argumentieren: „Beten tut uns gut, wir tun das für uns. Gott aber wird trotzdem das tun, was er vorhat – ob wir nun beten oder nicht." Auch folgender Gedanke ist weit verbreitet: „Beten ist ein Vorrecht, aber keine Notwendigkeit, damit Gottes Wille auf Erden geschieht."

Doch in Wahrheit ist es unentbehrlich, dass Gottes Kinder beten. Warum würde uns Jesus sonst auffordern zu beten, dass Gottes Wille geschehe?

„Darum sollt ihr so beten: Unser Vater im Himmel! Dein Name werde geheiligt. Dein Reich komme. Dein Wille geschehe wie im Himmel so auf Erden." (Matth. 6,9.10)

Nur wenn Gläubige beten, kommt Gottes Wille auf dieser Erde zum Tragen.

Im Schöpfungsbericht lesen wir: *„Und Gott sprach: Lasset uns Menschen machen, ein Bild, das uns gleich sei, die da herrschen über die Fische im Meer und über die Vögel unter dem Himmel und über das Vieh und über alle Tiere des Feldes und über alles Gewürm, das auf Erden kriecht. Und Gott schuf den Menschen zu seinem Bilde, zum Bilde Gottes schuf er ihn; und schuf sie als Mann und Frau."* (1. Mo. 1,26.27)

Der Bericht zeigt, dass Gott die Menschen zu seinem Ebenbild schuf, das ihm in vieler Hinsicht ähnlich ist. Doch mehr noch:

Im obigen Vers wird erklärt, dass Gott dem Menschen diese Welt als Herrschaftsgebiet übergab. Als Vertreter Gottes erhielt Adam die Vollmacht und den Auftrag, über diese Welt zu herrschen:

„Und Gott der HERR nahm den Menschen und setzte ihn in den Garten Eden, dass er ihn bebaute und bewahrte." (1. Mo. 2,15)

Adam trug also auch die Verantwortung für diese Erde. Er sollte sie „bewahren", d. h. sie vor allem Schädlichen beschützen.

Er wurde als bevollmächtigter Vertreter Gottes eingesetzt, sozusagen als Hüter und Pfleger der Schöpfung.

David beschreibt weiter die Position, die Gott dem Menschen bei der Schöpfung gab: *„Du hast ihn wenig niedriger gemacht als Gott, mit Ehre und Herrlichkeit hast du ihn gekrönt."* (Ps. 8,6)

Dem Menschen wurde „Ehre" und „Herrlichkeit" gegeben, ihm wurde sozusagen die königliche Regierungsgewalt übertragen.

Somit wurde diese Erde bei der Schöpfung der Autorität Adams anvertraut. Was auf der Welt geschah, hing von ihm ab.

Das Gebet ist notwendig, denn von Anfang an beabsichtigte Gott, durch Menschen zu arbeiten und zwar mit ihnen zusammen – nicht unabhängig von ihnen – damit sein Wille auf der Erde geschieht.

Gott wirkt durch die Gebete seines Volkes. Wenn Gott auf der Erde etwas bewirken will, lädt er uns immer wieder zur Fürbitte ein, damit andere Menschen Erlösung und Befreiung erfahren. Wir sollen darum bitten: *„Dein Wille geschehe auf Erden."* (Matth. 6,10) Ebenso auch: *„Unser tägliches Brot gib uns heute."* (Vers 11)

Als Jesus sah, wie arm und elend seine Zuhörer waren, lud er seine Jünger ein, die folgende Bitte vor Gott zu bringen:

„Und als er das Volk sah, jammerte es ihn; denn sie waren verschmachtet und zerstreut wie die Schafe, die keinen Hirten haben. Da sprach er zu seinen Jüngern: Die Ernte ist groß, aber wenige sind der Arbeiter. Darum bittet den Herrn der Ernte, dass er Arbeiter in seine Ernte sende." (Matth. 9,36-38)

Gott möchte Arbeiter ins Erntefeld dieser Erde schicken. Dennoch ist es für Christen wichtig, ihn darum zu bitten.

Auch Paulus bat die Gläubigen um das Gebet, damit das Evangelium überall gepredigt werden könne: *„Weiter, liebe Brüder, betet für uns, dass das Wort des Herrn laufe und gepriesen werde wie bei euch."* (2. Thess. 3,1)

Obwohl all dies Gottes Wille ist, ist es doch nötig, dass die Menschen darum bitten. Denn dadurch wird die göttliche Macht freigesetzt, die hier auf der Erde das tut, was Gott will. Also denke daran: Gott will durch uns wirken – nicht ohne uns, nicht unabhängig von uns. Deine Gebete sind ganz wichtig, damit in deinem Leben und im Leben aller, für die du betest, der Wille Gottes geschieht.

Befreie mich von meinem sündigen Wesen und hilf mir, deinen Namen zu ehren.

Persönliche Gedanken und Gesprächshilfe

1. *Da ja Gott „Gott" ist und die Macht hat, auf Erden das zu tun, was er möchte, könnte er seinen Willen durchsetzen, ob wir nun beten oder nicht. Ist das so? Und wenn nicht, warum nicht?*

   _____

   _____

2. *Welche Verantwortung wurde Adam übertragen, im Hinblick auf Gottes Pläne für diese Erde?*

   _____

   _____

3. *Ist Beten eine Notwendigkeit oder nur ein Vorrecht? Warum?*

   _____

   _____

4. *Wie denkt wohl Satan über deine Gebetszeit mit Gott?*

   _____

   _____

Unsere Gebetszeit

- *Kontaktiere deinen Gebetspartner und besprich das Andachtsthema.*
- *Bete mit deinem Gebetspartner:*
  1. *dass Gott durch den Heiligen Geist weiterhin durch jeden von uns wirkt.*
  2. *dass Gott uns ein klareres Verständnis davon gibt, wie wichtig das Gebet ist.*
  3. *für die Menschen auf deiner Gebetsliste.*

Schließt folgenden Vers in euer Gebet mit ein:
„Halte fern von mir den Weg der Lüge und gib mir in Gnaden dein Gesetz." (Ps. 119,29)

12. Tag

Beten im Heiligen Geist

Jeder Christ ist in einen Kampf mit dem Feind verwickelt, dessen Ausgang über unser ewiges Schicksal entscheidet. Diese Auseinandersetzung ist so echt wie ein Krieg zwischen Völkern oder Ländern. Es geht um einen Konflikt zwischen dem Reich Gottes und den Mächten der Finsternis. Paulus beschreibt diesen Kampf um uns wie ein zähes Ringen ganz persönlich:

„Denn wir haben nicht mit Fleisch und Blut zu kämpfen, sondern mit Mächtigen und Gewaltigen, nämlich mit den Herren der Welt, die in dieser Finsternis herrschen, mit den bösen Geistern unter dem Himmel." (Eph. 6,12)

Nun beschreibt Paulus die „Waffenrüstung", die uns Gott anbietet. Wir müssen sie anlegen, damit wir siegen können. Paulus beschließt die Schilderung dieses Kampfes und unserer Verteidigungs- und Angriffsstrategie mit den Worten:

„Betet allezeit mit Bitten und Flehen im Geist und wacht dazu mit aller Beharrlichkeit im Gebet für alle Heiligen." (Eph. 6,18)

Paulus fordert uns auf, „allezeit" zu beten. Wir brauchen Ausdauer und Beharrlichkeit im Gebet und in der Fürbitte. Außerdem sollen wir „im Geist" bitten. Wenn wir den Feind besiegen wollen, ist das Beten im Heiligen Geist genauso wichtig wie das Anlegen der ganzen Waffenrüstung.

Was bedeutet es denn, im Geist zu beten? Das ist eine wichtige Frage. Kurz gesagt: Es ist das Drängen des Heiligen Geistes. Wir müssen uns von ihm in unseren Gebeten leiten lassen – sowohl beim Zeitpunkt als auch beim Thema unseres Gebets. Der Heilige Geist lenkt uns in jedem Bereich unseres Gebetslebens. Wenn wir im Geist beten, wird unser Gebet vom Heiligen Geist bevollmächtigt.

Unsere Gebete werden große Wirkung zeigen. Allerdings müssen wir auch vom Heiligen Geist erfüllt sein, wenn wir in ihm beten wollen. Ellen White beschreibt, was das bedeutet, so:

„Jedes aufrichtige Gebet ist durch den Geist eingegeben, und ein solches Gebet ist Gott angenehm." (Das Leben Jesu, S. 172)

Zur Aussage von Paulus in Römer 8,26.27 schreibt sie: „Wir müssen nicht nur im Namen Christi beten, sondern auch unter dem Einfluss des Heiligen Geistes. Dies erklärt, was gemeint ist, wenn gesagt wird: ‚Der Geist selbst vertritt uns aufs Beste mit unaussprechlichem Seufzen.' (Römer 8,26) Solche Gebete erhört Gott gern." (Christi Gleichnisse, S.145)

> *Es ist der Heilige Geist, der uns zum Gebet drängt. Er wird uns die großen Nöte zeigen, für die wir beten sollen.*

Es ist der Heilige Geist, der uns zum Gebet drängt. Er wird uns die großen Nöte zeigen, für die wir beten sollen, denn Gott möchte durch sein Handeln diese Bedürfnisse stillen.

Das Gebet Jesu für Petrus ist hierfür ein gutes Beispiel:

„Simon, Simon, siehe, der Satan hat begehrt, euch zu sieben wie den Weizen. Ich aber habe für dich gebetet, dass dein Glaube nicht aufhöre." (Luk. 22,31.32)

Der Heilige Geist drängte Jesus, für Petrus zu beten. Er zeigte ihm, durch welche Strategie Satan diesen Jünger außer Gefecht setzen wollte. Als das Jesus bewusst wurde, begann er für Petrus zu beten.

Dasselbe möchte der Heilige Geist durch uns bewirken. Er wird uns in Erinnerung rufen, wer unser Gebet braucht. Vielleicht werden wir nicht erfahren, weshalb wir für diese Person beten sollen. Die Hauptsache ist, dass wir auf dieses innere Drängen eingehen.

40 TAGE

Lass uns deine Gnade erfahren – lehre uns,
unsere Sünden zu bekennen.
Schenk uns vollkommene Freude in dir,
wenn wir im Geist beten.

Persönliche Gedanken und Gesprächshilfe

1. *Paulus beschrieb den geistlichen Kampf, in den uns Satan verwickelt. Was sagte er über das Gebet?*

_____

_____

2. *Wie beschreibt Ellen White das Beten im Heiligen Geist?*

_____

_____

3. *Wann hatte dich der Heilige Geist gedrängt, für jemanden zu beten?*

_____

_____

4. *Möchtest du ein Christ sein, der im Heiligen Geist betet? Welche Schritte kannst du unternehmen, damit dies Wirklichkeit wird?*

_____

_____

Unsere Gebetszeit

- *Kontaktiere deinen Gebetspartner und besprich das Andachtsthema.*
- *Bete mit deinem Gebetspartner:*
  1. *dass Gott jeden von uns weiterhin mit seinem Heiligen Geist innerlich bewegt.*
  2. *dass unsere Gebete durch den Heiligen Geist eingegeben und geleitet sind.*
  3. *für die Menschen auf deiner Gebetsliste.*

Schließt folgenden Vers in euer Gebet mit ein:
„Fülle uns frühe mit deiner Gnade, so wollen wir rühmen und fröhlich sein unser Leben lang." (Ps. 90,14)

13. Tag

Vereintes Beten im Heiligen Geist

Schon seit langem betrachten Gläubige das gemeinsame Gebet für ein bestimmtes Anliegen als ein wichtiges Element in ihrem Christenleben. Früher stellte ich mir eine Gebetsgemeinschaft so vor: Zwei oder mehr Christen treffen sich zum Beten. Jeder betet einfach für das, was ihm in den Sinn kommt. Jedes Gebet hat gemeinsame Elemente, aber auch Bitten, die sich von denen der anderen Beter unterscheiden.

Allerdings beschreibt die Bibel eine Gebetsgemeinschaft anders. Hier beten zwei oder mehr Christen für ein und dasselbe Anliegen. Sie haben denselben Wunsch, dasselbe Ziel und bitten um dasselbe.

Sie beten zusammen am selben Ort, zur selben Zeit und mit demselben Schwerpunkt.

Wenn sie sich zum Beten nicht an demselben Ort treffen können, dann beten sie zur selben Zeit mit demselben Schwerpunkt oder sie beten zusammen am Telefon. Es ist jedoch für alle glaubensstärkend, wenn sie sich zum Beten persönlich treffen können.

Das gemeinsame Gebet von Glaubensgeschwistern ist eine mächtige Waffe gegen Satan. Aus diesem Grund rät uns Jakobus, dass sich Beter treffen und gemeinsam füreinander und für die Kranken beten:

„Ist jemand unter euch krank, der rufe zu sich die Ältesten der Gemeinde, dass sie über ihm beten und ihn salben mit Öl in dem Namen des Herrn. Und das Gebet des Glaubens wird dem Kranken helfen, und der Herr wird ihn aufrichten; und wenn er Sünden getan hat, wird ihm vergeben werden. Bekennt also einander eure Sünden und betet füreinander,

dass ihr gesund werdet. Des Gerechten Gebet vermag viel, wenn es ernstlich ist." (Jak. 5,14-16)

Für alle, die sich auf die Wiederkunft Jesu vorbereiten, ist die gemeinsame Fürbitte dringend nötig. Wir sind nicht dazu geschaffen, im Alleingang gegen Satan zu kämpfen. Wenn wir ihn besiegen wollen, brauchen wir die Gebete der anderen.

Das gilt aber nicht nur für unser persönliches Leben. Auch für die Ausbreitung des Evangeliums auf dieser Erde ist das vereinte Gebet notwendig. Jeder Schritt, durch den Gottes Werk auf unserer Erde vorangebracht wird, ruft den Widerstand Satans hervor. Doch durch gemeinsames Beten wird Gottes Macht bedeutend verstärkt, damit Gottes Reich vorangebracht wird.

Das Alte Testament erteilt viele Ratschläge für das gemeinsame Gebet. Im Buch Prediger finden wir eine wichtige Lektion in Bezug auf den vereinten Kampf gegen unseren Feind, den Satan:

„Einer mag überwältigt werden, aber zwei können widerstehen, und eine dreifache Schnur reißt nicht leicht entzwei." (Pred. 4,12)

Im dritten Buch Mose heißt es:

„Fünf von euch sollen hundert jagen, und hundert von euch sollen zehntausend jagen; denn eure Feinde sollen vor euch her dem Schwert verfallen." (3. Mo. 26,8)

Wenn wir versuchen, allein gegen Satan und seine Versuchungen anzukämpfen, werden wir leichter von ihm überwunden. Der Prediger sagt, dass eine einzelne Person eher überfallen werden kann. Zwei können sich besser verteidigen und zu dritt sind sie sogar noch stärker. Genau deshalb ist die Gebetsgemeinschaft mit anderen Christen so bedeutsam. Beten im Verbund übt eine mächtige Wirkung aus!

Die stärkste Aussage über die Wichtigkeit, ja die Notwendigkeit einer Gebetsgemeinschaft stammt von Jesus:

„Wahrlich, ich sage euch auch: Wenn zwei unter euch eins werden auf Erden, worum sie bitten wollen, so soll es ihnen widerfahren von meinem Vater im Himmel. Denn wo zwei oder drei versammelt sind in meinem Namen, da bin ich mitten unter ihnen." (Matth. 18,19.20)

Wenn zwei oder mehr Gläubige vereint im Heiligen Geist beten, dürfen sie darauf vertrauen, dass Gott ihr Gebet hören und beantworten wird:

 **TAGE**

„*Und das ist die Zuversicht, die wir haben zu Gott: Wenn wir um etwas bitten nach seinem Willen, so hört er uns. Und wenn wir wissen, dass er uns hört, worum wir auch bitten, so wissen wir, dass wir erhalten, was wir von ihm erbeten haben.*" (1. Joh. 5,14.15)

Lass mich nicht Wünsche und Träume verfolgen, die von dir wegführen. Mögen meine Augen auf dich gerichtet bleiben. Belebe mein geistliches Leben und hilf mir, mich mehr mit meinen Mitgeschwistern zu vereinen, besonders im Gebet.

Persönliche Gedanken und Gesprächshilfe

1. *Beschreibe, was mit dem „vereinten Gebet im Heiligen Geist" gemeint ist. Warum ist dies so wichtig?*

   _____

   _____

2. *Welche Texte zeigen, dass ein vereintes Gebet mehr Gewicht hat als das Gebet eines Einzelnen?*

   _____

   _____

3. *Warum möchte Satan nicht, dass sich Christen im Gebet vereinen?*

   _____

   _____

4. *Was kannst du tun, um öfters mit anderen Gläubigen zu beten?*

   _____

   _____

Unsere Gebetszeit

- *Kontaktiere deinen Gebetspartner und besprich das Andachtsthema.*
- *Bete mit deinem Gebetspartner:*
  1. *um Gottes weitere Führung für jeden von uns, damit unsere Gebete von seinem Geist geleitet sind.*
  2. *Gott helfe uns, dass wir uns öfter mit Gläubigen zum Beten treffen.*
  3. *für die Menschen auf deiner Gebetsliste.*

Schließt folgenden Vers in euer Gebet mit ein:
„Wende meine Augen ab, dass sie nicht sehen nach unnützer Lehre, und erquicke mich auf deinem Wege." (Ps. 119,37)

14. Tag

Anhaltendes Gebet im Heiligen Geist

Im Laufe der Jahrhunderte wurde das ausdauernde Gebet als ein wesentliches Element zwecks Förderung des Reiches Gottes auf Erden angesehen. Doch wir in unserer westlichen Kultur wollen unsere Probleme auf Knopfdruck lösen. Oft dringt dieser Hang zu „Sofort-Antworten" in unser Gebetsleben ein. Wir beten gelegentlich für ein Anliegen, aber wir bleiben nicht „dran", indem wir unbeirrt und ausdauernd Gott damit „in den Ohren liegen". In Wirklichkeit ist das beharrliche Gebet keine Option unter vielen. Ausdauerndes Beten ist genauso nötig wie vereintes Beten. Es ist unerlässlich, wenn wir persönliche Siege über unseren Feind erringen wollen, und es ist die Voraussetzung für Einheit der Gemeinde. Wer sich auf die Begegnung mit Jesus vorbereitet, weiß aus eigener Erfahrung, was ausdauerndes, beharrliches Beten heißt, denn das Gebet spielt bei unserer Vorbereitung auf dieses große Ereignis die Hauptrolle.

Ausdauerndes Beten war Jesus sehr vertraut. Oft hat er ganze Nächte im Gebet verbracht. In Lukas 18 erzählt uns Jesus ein Gleichnis, das uns klar aufzeigt, dass jeder Gläubige das beharrliche Gebet pflegen sollte. Lukas führt dieses Gleichnis mit den folgenden Worten ein:

„Er sagte ihnen aber ein Gleichnis darüber, dass man allezeit beten und nicht nachlassen solle." (Luk. 18,1)

Jesus erzählte dieses Gleichnis, weil er bewusst machen wollte, wie notwendig die Ausdauer beim Beten ist. Wir sollten unermüdlich und unverdrossen weiterbeten, bis wir eine Antwort erhalten, so berichtet Lukas. Die griechische Form von Beten bezeichnet eine fortwährende

Tätigkeit. Jesus lehrt uns in diesem Gleichnis, dass wir beharrlich beten sollen, ohne aufzuhören oder aufzugeben.

Der zweite Satz, der die Dringlichkeit anhaltenden Gebets hervorhebt, steht in Vers 7:

„Sollte Gott nicht auch Recht schaffen seinen Auserwählten, die zu ihm Tag und Nacht rufen, und sollte er's bei ihnen lange hinziehen?" (Luk. 18,7)

Hier lehrt Jesus ganz klar, dass Gott auf unsere Gebete oft erst antwortet, nachdem wir zu ihm „Tag und Nacht" gerufen haben. Schnelles Beten wird nicht das gleiche Ergebnis zeitigen wie beharrliches Beten.

Ellen White spürte, dass die Gemeinde Gottes zu ihrer Zeit geistlich schwach war. Sie fragte Gottes Engel nach der Ursache. Die Antwort:

„Ich fragte den Engel, warum nicht mehr Glaube und Kraft in Israel sei. Er sagte: ‚Ihr lasst den Arm des Herrn zu bald los. Sendet eure Bitten zu dem Thron empor und haltet an in starkem Glauben. Die Verheißungen sind sicher. Glaubt, dass ihr die Dinge empfangen werdet, um die ihr bittet, und ihr sollt sie haben.' Dann wurde ich auf Elia hingewiesen. Er war ein Mensch gleich wie wir, und er betete ernstlich. Sein Glaube ertrug die Prüfung. Siebenmal betete er zu dem Herrn, und zuletzt erschien die Wolke." (Frühe Schriften, S. 63) (Diese Wolke kündete den lang ersehnten und versprochenen Regen an – nach 3 ½ Jahren verheerender Dürre! Anm. d. Bearb.)

> *Das beharrliche Gebet ist keine Option unter vielen, es ist eine Notwendigkeit. Es ist unerlässlich, wenn wir persönliche Siege über unseren Feind erringen wollen, und es ist die Voraussetzung für Einheit der Gemeinde.*

Viele von uns lassen den Arm Gottes zu schnell wieder los. Wir müssen lernen, im Gebet zu Gott lange zu verharren.

40 TAGE

Hilf uns, beharrlich zu beten,
bis du uns neu belebt hast.
Und lass uns nie vergessen,
dir für all deine Segnungen
zu danken.

Persönliche Gedanken und Gesprächshilfe

1. *Was bedeutet es, beharrlich am Gebet mit Gott festzuhalten?*

   _____

   _____

2. *Glaubst du, dass uns Christen in den westlichen Ländern das ausdauernde Gebet leicht fällt? Warum oder warum nicht?*

   _____

   _____

3. *Was sagte Jesus über die Wichtigkeit des beharrlichen Gebets?*

   _____

   _____

4. *Welche Ursache nannte der Engel auf Ellen Whites Frage, weshalb es der Gemeinde heute an geistlicher Kraft fehlt?*

   _____

   _____

Unsere Gebetszeit

- *Kontaktiere deinen Gebetspartner und besprich das Andachtsthema.*
- *Bete mit deinem Gebetspartner:*
  1. *dass Gott jeden von uns weiterhin mit seinem Heiligen Geist segnet.*
  2. *dass Gott uns lehrt, unermüdlich im Gebet auszuharren.*
  3. *für die Menschen auf deiner Gebetsliste.*

Schließt folgenden Vers in euer Gebet mit ein:
„Seid allezeit fröhlich, betet ohne Unterlass, seid dankbar in allen Dingen; denn das ist der Wille Gottes in Christus Jesus an euch."
(1. Thess. 5,16-18)

15. Tag

Fürbitte,
erfüllt vom Heiligen Geist

Das Prinzip des ausdauernden Betens gilt in jedem Bereich des christlichen Lebens – natürlich auch in unserem Bemühen, andere zu Christus zu führen. Bereits in den vorigen Andachten wurde aufgezeigt, dass unsere Gebete notwendig sind, wenn die Menschen in unserem Familien- und Bekanntenkreis zu Christus finden sollen, damit sie gerettet werden.

Paulus ermahnt die Christen, für alle Menschen Fürbitte zu tun:

„So ermahne ich nun, dass man vor allen Dingen tue Bitte, Gebet, Fürbitte und Danksagung für alle Menschen, für die Könige und für alle Obrigkeit, damit wir ein ruhiges und stilles Leben führen können in aller Frömmigkeit und Ehrbarkeit. Dies ist gut und wohlgefällig vor Gott, unserm Heiland." (1. Tim. 2,1-3)

Die Fürbittegebete führen zu einer Begegnung mit Gott.

Unsere Gebete für die Verlorenen sollen sie mit Gott versöhnen und zu einer Loslösung von satanischen Abhängigkeiten führen.

Das Fürbittegebet ist ein Hauptelement im „Dienst der Versöhnung", zu dem jeder Christ berufen ist:

„Aber das alles von Gott, der uns mit sich selber versöhnt hat durch Christus und uns das Amt gegeben, das die Versöhnung predigt. Denn Gott war in Christus und versöhnte die Welt mit sich selber und rechnete ihnen ihre Sünden nicht zu und hat unter uns aufgerichtet das Wort von der Versöhnung." (2. Kor. 5,18.19)

In Johannes 17 betet Jesus zu seinem Vater ein Fürbittegebet. Er möchte, dass die Gläubigen mit Gott genauso verschmelzen und „eins werden", wie er mit seinem Vater „eins" ist.

„Ich bitte aber nicht allein für sie, sondern auch für die, die durch ihr Wort an mich glauben werden, damit sie alle eins seien. Wie du, Vater, in mir bist und ich in dir, so sollen auch sie in uns sein, damit die Welt glaube, dass du mich gesandt hast.“ (Joh. 17,20.21)

Jesus bittet um eine völlige Versöhnung zwischen dem Vater und allen Gläubigen. Seine Fürbitte für uns geschah nicht nur vor 2000 Jahren – er hat bis heute nicht aufgehört, für uns zu beten:

„Daher kann er auch für immer selig machen, die durch ihn zu Gott kommen; denn er lebt für immer und bittet für sie.“ (Heb. 7,25)

In allen Briefen von Paulus lesen wir von seiner unablässigen Fürbitte für diejenigen, an die er schreibt (Röm. 1,9; Eph. 1,15.16).

Eine solche Bibelstelle finden wir in Kolosser 1,9:

„Darum lassen wir auch von dem Tag an, an dem wir's gehört haben, nicht ab, für euch zu beten und zu bitten, dass ihr erfüllt werdet mit der Erkenntnis seines Willens in aller geistlichen Weisheit und Einsicht.“

Paulus kannte diese Gläubigen gut und empfand eine tiefe Zuneigung zu ihnen. Er verstand die Notwendigkeit der ständigen Fürbitte für „alle Heiligen“. Darum ermutigt er alle Christen, dasselbe füreinander zu tun:

„Betet allezeit mit Bitten und Flehen im Geist und wacht dazu mit aller Beharrlichkeit im Gebet für alle Heiligen.“ (Eph. 6,18)

Gott macht die Notwendigkeit der Fürbitte in den folgenden Worten deutlich, die Samuel zu König Israel sprach:

„Es sei aber auch ferne von mir, mich an dem HERRN dadurch zu versündigen, dass ich davon abließe, für euch zu beten und euch zu lehren den guten und richtigen Weg.“ (Sam. 12,23)

Hier erfahren wir, dass es sogar eine Sünde ist, wenn wir es unterlassen, füreinander zu beten. Auch Ellen White ermutigt zum Fürbittegebet:

„Obwohl Gott nicht in Tempeln, von Händen gemacht, wohnt, ehrt er dennoch die Versammlungen der Gläubigen mit seiner Gegenwart. Er hat versprochen, dass er ihnen durch seinen Geist begegnet, wenn sie zusammenkommen, um ihn zu suchen, um ihre Sünden zu bekennen und füreinander zu beten. Diejenigen, die sich versammeln, um ihn anzubeten, sollen alles Böse wegräumen. Wenn sie ihn nicht im Geist und in der Wahrheit und in der Schönheit der Heiligkeit

anbeten können, wird ihre Zusammenkunft nichts nützen." (Review and Herald, Nov. 30, 1905)

Wenn Christen täglich von Gottes Geist erfüllt sind, wird er ihr Fürbittegebet leiten. Er wird ihnen in Erinnerung rufen, für wen sie beten sollen. Oft zeigt er ihnen, wofür sie ganz konkret bitten sollen.

Nun wird uns klar, warum uns Satan mit allen Mitteln einreden möchte, es sei unwesentlich oder unwichtig, konkret und eingehend füreinander zu beten. Er will uns zum Denken verführen, es sei nicht wirklich nötig, für Verlorene Fürbitte einzulegen. Er möchte, dass wir meinen, Gott werde sich schon irgendwie um ihre Erlösung kümmern, auch wenn wir nicht besonders für sie beten. Hoffentlich wirst du dieser Lüge nicht Glauben schenken!

Ja, Satan hat es ganz besonders auf unser Gebetsleben abgesehen. Hier greift er wohl noch stärker an als in anderen Bereichen unseres geistlichen Lebens.

Öffne uns die Augen für das, was uns von dir trennt. Gib uns neue, reine Herzen und einen tiefen Wunsch, dir zu dienen und zu gehorchen.

Persönliche Gedanken und Gesprächshilfe

1. *Was tun Christen eigentlich, wenn sie für andere bitten?*

   _____

   _____

2. *Wie hat Satan dein Gebetsleben angegriffen?*

   _____

   _____

3. *Wie kannst du noch mehr ein wirkungsvoller Fürbitter für andere sein?*

   _____

   _____

Unsere Gebetszeit

- *Kontaktiere deinen Gebetspartner und besprich das Andachtsthema.*
- *Bete mit deinem Gebetspartner:*
  1. *Gott möge jedem von uns weiterhin den Dienst des Heiligen Geistes schenken.*
  2. *Gott möge uns darin leiten, wirkungsvolle Fürbitter für andere zu sein.*
  3. *für die Menschen auf deiner Gebetsliste.*

Schließt folgenden Vers in euer Gebet mit ein:
„Und ich will reines Wasser über euch sprengen, dass ihr rein werdet; von all eurer Unreinheit und von allen euren Götzen will ich euch reinigen. Und ich will euch ein neues Herz und einen neuen Geist in euch geben und will das steinerne Herz aus eurem Fleisch wegnehmen und euch ein fleischernes Herz geben. Ich will meinen Geist in euch geben und will solche Leute aus euch machen, die in meinen Geboten wandeln und meine Rechte halten und danach tun." (Hes. 36,25-27)

16. Tag

Erfüllt vom Heiligen Geist mit Gottes Verheißungen beten

Die Bibel ist voll von Verheißungen, die Gott uns gab, weil er sich um alles kümmert, was wir brauchen. Im Alten wie auch im Neuen Testament wird uns viel von gläubigen Menschen berichtet, die in Notlagen Gottes Verheißungen beanspruchten.

Als junger Christ habe ich mich intensiv mit dem Thema „Gebet in der Bibel" befasst. Dabei stieß ich auf das Buch „ABC's of Bible Prayer" [ABC des biblischen Betens] von Glenn Coon. Dort lernte ich das sogenannte „Gebets-ABC" kennen. Damit nehmen wir Gottes Verheißungen konkret in Anspruch – wir bitten ihn, sein Versprechen wahrzumachen. Das hat sich als ein großer Segen erwiesen, sowohl in meinem Privatleben als auch in meinem Dienst. Die Gebets-Formel ist einfach:

A = Alles bitten

„Bittet, so wird euch gegeben; suchet, so werdet ihr finden; klopfet an, so wird euch aufgetan." (Matth. 7,7)

B = Bewusst glauben

„Darum bei allem, was ihr im Gebet erbittet, glaubt nur, dass ihr es (tatsächlich) empfangen habt, so wird es euch zuteil werden." (Mark. 11,24 Menge-Übersetzung)

C = Christus im Voraus danken

„Da hoben sie den Stein weg. Jesus aber hob seine Augen auf und sprach: Vater, ich danke dir, dass du mich erhört hast. Ich weiß, dass du mich allezeit hörst; aber um des Volkes willen, das umhersteht, sage ich's, damit sie glauben, dass du mich gesandt hast. Als er das gesagt hatte, rief er mit lauter Stimme: Lazarus, komm heraus!" (Joh. 11,41-43)

In diesen Versen sehen wir, dass Jesus seinem Vater für die Erhörung dankte, noch bevor ein Anzeichen der Erfüllung zu erkennen war. Gottes Verheißungen sind zuverlässig. Wir können darauf vertrauen, dass er das tun wird, was er sagt:

„Gott ist nicht ein Mensch, dass er lüge, noch ein Menschenkind, dass ihn etwas gereue. Sollte er etwas sagen und nicht tun? Sollte er etwas reden und nicht halten?" (4. Mo. 23,19)

Und er kann das tun, was er auch verspricht:

„Ach, Herr HERR, siehe, du hast Himmel und Erde gemacht durch deine große Kraft und durch deinen ausgereckten Arm, und es ist kein Ding vor dir unmöglich." (Jer. 32,17)

So wie die Eichel bereits den Eichenbaum in sich birgt, so steckt die Erfüllung der Verheißung Gottes bereits in ihrer Zusage, wenn wir uns vertrauensvoll auf Gottes Versprechen berufen.

Ellen White schrieb über die Verheißungen in Gottes Wort:

„In einem jeden Gebot und in einer jeden Verheißung des Wortes Gottes liegt die Kraft, das Leben Gottes selbst, durch welche das Gebot erfüllt und die Verheißung verwirklicht werden kann." (Christi Gleichnisse, S. 38)

In den Verheißungen der Bibel steckt Gottes lebenspendende Macht. Durch nichts kann die Erfüllung seiner Zusage verhindert werden, wenn wir beharrlich darum beten und die Verheißung im Glauben beanspruchen.

In 2. Chron. 20,6-12 finden wir ein vorbildliches Beispiel dafür, wie wir Gott beim Wort nehmen können. Josaphat, der König von Juda, wurde durch den Einfall feindlicher Heere bedroht, die sich gegen ihn verbündet hatten. Er hatte sich auf diese Krise vorbereitet, indem er seine Armee und seine Verteidigungsanlagen aufrüstete. Über eine Million gut ausgebildeter Soldaten waren mobilisiert und zur Verteidigung ihres Landes bereit. Als Josaphat erfuhr, dass sich die Feinde in Marsch gesetzt hatten, wandte er sich zuallererst an Gott und bat um Hilfe, anstatt strategische Maßnahmen zu ergreifen.

Auch wir sollten wie Josaphat reagieren, wenn sich Probleme vor uns auftürmen. Zuerst auf Gott schauen! Das heißt nicht, dass wir die Hände in den Schoß legen. Die Gefahr liegt in unserer Neigung, auf der Suche nach Hilfe und Rettung zuerst nach menschlichen

Mitteln Ausschau zu halten. Wir legen in unseren Gedanken schon Lösungen fest, bevor wir mit unserem Problem zu Gott kommen. Josaphats Reaktion ist ein Beispiel, dem wir folgen sollten.

Sein Gebet zeigt fünf Schritte auf, die uns helfen, Gott beim Wort zu nehmen und die Probleme zu überwinden:

1. Der König begann, Gottes Charaktereigenschaften zu loben, und zwar ganz konkret solche, die mit seinem Problem zu tun hatten (Vers 6). Er erinnerte daran, dass Gott über alle Königreiche der Welt herrscht. Macht und Gewalt liegen in seiner Hand, keiner kann ihm widerstehen.

2. Der König erinnerte sich an frühere Situationen, die so ähnlich waren, und in denen Gott Juda den Sieg geschenkt hatte (Vers 7). Wenn wir an Gottes Fürsorge in ähnlichen Fällen denken, erinnert uns das an Gottes Treue und stärkt unseren Glauben.

3. Er erwähnte in seinem Gebet eine Verheißung, die Gott seinem Volk in der Vergangenheit gegeben hatte. Dieses Versprechen hatte einen direkten Bezug zu seiner Notlage (Verse 8.9).

4. Dann nannte Josaphat sein Problem (Verse 10-12).

5. Er lobte Gott, bevor überhaupt ein Vorzeichen auf einen Sieg zu erahnen war (Verse 18.19).

Präge dir den folgenden Gedankenweg ein, wenn du Gottes Verheißungen im Gebet in Anspruch nehmen willst, damit du dich nicht auf das Problem fixierst:

Loben, frühere Siege, Versprechen Gottes, konkretes Problem, Lob und Dank.

Gib mir ein Verlangen, dir von ganzem Herzen zu gehorchen. Hilf mir, mich auf dich und deine Verheißungen zu konzentrieren und nicht auf meine Probleme.

Persönliche Gedanken und Gesprächshilfe

1. *Erinnere dich, wie es war, wenn du dich im Gebet auf eine Verheißung gestützt hast. Was war anders, als wenn du dich im Gebet nur auf das Problem konzentriert hast?*

   _____

   _____

2. *Welche Elemente enthält Josaphats Gebet? Mit welchen Elementen hast du noch Mühe, sie in dein Gebet einzubringen?*

   _____

   _____

3. *Welches sind deine Lieblings-Verheißungen aus der Bibel?*

   _____

   _____

Unsere Gebetszeit

• *Kontaktiere deinen Gebetspartner und besprich das Andachtsthema.*
• *Bete mit deinem Gebetspartner:*
  1. *dass Gott jeden von uns weiterhin mit seinem Heiligen Geist erfüllt.*
  2. *Gott helfe uns, mehr auf seine Verheißungen zu schauen als auf unsere Probleme.*
  3. *für die Menschen auf deiner Gebetsliste.*

Schließt folgenden Vers in euer Gebet mit ein:
„Unterweise mich, dass ich bewahre dein Gesetz und es halte von ganzem Herzen." (Ps. 119,34)

Dritter Teil

Der Heilige Geist und die Evangelisation

17. Tag

Die Vollendung der Weltmission in der Kraft des Heiligen Geistes

Jesus sagte voraus: *„Und es wird gepredigt werden dies Evangelium vom Reich in der ganzen Welt zum Zeugnis für alle Völker, und dann wird das Ende kommen."* (Matth. 24,14)

Kurz vor Jesu Wiederkunft wird das Evangelium weltweit verkündet – mit einer Vollmacht und Durchschlagskraft, die die ganze Erde mit der Guten Nachricht bekannt macht. Der Prophet Joel kündete zwei große Ausgießungen des Heiligen Geistes an: den Frühregen und den Spätregen:

„Und ihr, Kinder Zions, freut euch und seid fröhlich im HERRN, eurem Gott, der euch gnädigen Regen gibt und euch herabsendet Frühregen und Spätregen wie zuvor." (Joel 2,23)

Petrus wies in seiner Pfingstpredigt darauf hin, dass die Ausgießung des Heiligen Geistes nun begonnen habe:

„Sondern das ist's, was durch den Propheten Joel gesagt worden ist: Und es soll geschehen in den letzten Tagen, spricht Gott, da will ich ausgießen von meinem Geist auf alles Fleisch; und eure Söhne und eure Töchter sollen weissagen, und eure Jünglinge sollen Gesichte sehen, und eure Alten sollen Träume haben; und auf meine Knechte und auf meine Mägde will ich in jenen Tagen von meinem Geist ausgießen, und sie sollen weissagen." (Apg. 2,16-18)

Dieser „Frühregen" wird auch Taufe durch den Heiligen Geist [auch Erfüllung und Salbung] genannt:

„Und als er mit ihnen zusammen war, befahl er ihnen, Jerusalem nicht zu verlassen, sondern zu warten auf die Verheißung des Vaters, die ihr, so sprach er, von mir gehört habt; denn Johannes hat mit Wasser getauft,

ihr aber sollt mit dem Heiligen Geist getauft werden nicht lange nach diesen Tagen.... ihr werdet die Kraft des Heiligen Geistes empfangen, der auf euch kommen wird, und werdet meine Zeugen sein in Jerusalem und in ganz Judäa und Samarien und bis an das Ende der Erde. " (Apg. 1,4-8)

Die „Apostelgeschichte" beschreibt, wie das Evangelium damals mit großer Durchschlagskraft verbreitet wurde. Tausende bekehrten sich zu Christus. Alle Christen, die die Apostelgeschichte gelesen haben, sehnen sich wahrscheinlich nach der Zeit, in der Gottes Heiliger Geist noch einmal mit solcher Vollmacht wirken wird.

Vor einigen Jahren begann ich besser zu verstehen, wie es zu einem derart vollmächtigen Wirken des Heiligen Geistes kommen kann. Damals studierte ich intensiv das Thema „Erfülltsein mit dem Heiligen Geist". Ich sehnte mich danach! Immer klarer wurde mir, wie Gott vom Heiligen Geist erfüllte Christen gebrauchen wird, um Tausende für Christus zu gewinnen. Auch wurde mir bewusst, dass weder professionelle Evangelisten noch Radio- und Fernsehsendungen Gottes Werk in den letzten Tagen zu Ende führen, auch wenn sie eine wichtige Rolle spielen. Gottes Werk wird vielmehr dadurch beendet, dass sein Volk die Erfüllung mit dem Heiligen Geist erbittet und erlebt. Dann kann Jesus durch sie andere Menschen erreichen. Gottes Werk wird nicht durch neue Programme oder Methoden beendet, sondern durch geisterfüllte Gläubige, die sich Christus völlig weihen und ihm erlauben, in ihnen und durch sie

> **Gottes Werk wird durch geisterfüllte Gläubige beendet, die sich Christus völlig weihen und ihm erlauben, in ihnen und durch sie für andere zu wirken.**

für andere zu wirken. Dies ist auch der Grund, warum Jesus die Jünger anwies, auf die Ausgießung des Heiligen Geistes zu warten, bevor sie das Evangelium in die ganze Welt tragen sollten (Apg. 1,4-8). Sie waren 3 ½ Jahre lang mit Jesus eng verbunden gewesen und hatten anderen Menschen gedient, und doch waren sie noch nicht bereit, weltweit über Jesus zu predigen. Sie sollten auf die Kraft des Heiligen Geistes warten.

Wenn Christen, die in voller Hingabe leben, Christus in dieser Weise erfahren, wird zum zweiten Mal das Evangelium mit explosiver

Kraft verkündet. Das geschieht, indem der Heilige Geist zum zweiten Mal in dieser Vollmacht ausgegossen wird: der sogenannte „Spätregen".

Wir müssen verstehen, wie das geschehen wird und welchen Platz wir bei dieser machtvollen Weltmission einnehmen können. Jeder, der für die Wiederkunft Jesu bereit ist, wird bei dieser Verkündigung mitmachen.

Befreie uns von unseren Sünden, sei uns gnädig und vergib uns. Verherrliche deinen Namen durch das große Erlösungswerk. Bereite uns auf den Spätregen vor und erfülle uns mit deinem Geist, damit dein Werk beendet werden kann.

Persönliche Gedanken und Gesprächshilfe

1. *Hast du die Kraft des Heiligen Geistes so erfahren, wie du es gerne möchtest, wenn du anderen von Jesus erzählst und deinen Glauben bezeugst?*

   _____

   _____

2. *Wodurch wird Gottes Werk wirkungsvoll beendet?*

   _____

   _____

3. *Wie kannst du in diesem Weltmissionsprojekt ein Werkzeug Gottes werden?*

   _____

   _____

Unsere Gebetszeit

- *Kontaktiere deinen Gebetspartner und besprich das Andachtsthema.*
- *Bete mit deinem Gebetspartner:*
  1. *dass Gott nicht aufhört, jeden von uns mit seinem Heiligen Geist zu erfüllen.*
  2. *dass Gott uns leitet und zu wirkungsvollen Zeugen ausbildet.*
  3. *dass Gott den Spätregen ausgießen möge.*
  4. *für die Menschen auf deiner Gebetsliste.*

Schließt folgenden Vers in euer Gebet mit ein:
„HERR, ich habe die Kunde von dir gehört, ich habe dein Werk gesehen. HERR, mache es lebendig in naher Zeit und lass es kundwerden in naher Zeit. Im Zorne denke an Barmherzigkeit!" (Hab. 3,2)

18. Tag

Der Heilige Geist und unser Zeugnis

Siebenten-Tags-Adventisten warten mit vielen anderen Christen schon seit vielen Jahren auf die Wiederkunft Jesu. Das Gleichnis der 10 Jungfrauen sagt uns, dass der Bräutigam mit Verspätung kommen wird. Was ist der Hauptgrund dieser Verzögerung? Ich glaube, es sind mehrere Gründe:

1. Gottes Volk ist nicht bereit.
2. Das Evangelium wurde noch nicht auf der ganzen Welt verkündet.
3. Außerdem ist noch einiges, was vor seiner Wiederkunft geschehen soll, noch zukünftig.
4. Auch die Botschaft der drei Engel aus Offenbarung 14 wurde der Welt noch nicht so deutlich gepredigt, wie es vor der Wiederkunft Jesus geschehen muss:

„Und ich sah einen andern Engel fliegen mitten durch den Himmel, der hatte ein ewiges Evangelium zu verkündigen denen, die auf Erden wohnen, allen Nationen und Stämmen und Sprachen und Völkern. Und er sprach mit großer Stimme: Fürchtet Gott und gebt ihm die Ehre; denn die Stunde seines Gerichts ist gekommen! Und betet an den, der gemacht hat Himmel und Erde und Meer und die Wasserquellen! Und ein zweiter Engel folgte, der sprach: Sie ist gefallen, sie ist gefallen, Babylon, die große Stadt; denn sie hat mit dem Zorneswein ihrer Hurerei getränkt alle Völker. Und ein dritter Engel folgte ihnen und sprach mit großer Stimme: Wenn jemand das Tier anbetet und sein Bild und nimmt das Zeichen an seine Stirn oder an seine Hand, der wird von dem Wein des Zornes Gottes trinken, der unvermischt eingeschenkt ist in den Kelch seines Zorns, und er wird gequält werden mit

Feuer und Schwefel vor den heiligen Engeln und vor dem Lamm. Und der Rauch von ihrer Qual wird aufsteigen von Ewigkeit zu Ewigkeit; und sie haben keine Ruhe Tag und Nacht, die das Tier anbeten und sein Bild, und wer das Zeichen seines Namens annimmt. Hier ist Geduld der Heiligen! Hier sind, die da halten die Gebote Gottes und den Glauben an Jesus! Und ich hörte eine Stimme vom Himmel zu mir sagen: Schreibe: Selig sind die Toten, die in dem Herrn sterben von nun an. Ja, spricht der Geist, sie sollen ruhen von ihrer Mühsal; denn ihre Werke folgen ihnen nach. Und ich sah, und siehe, eine weiße Wolke. Und auf der Wolke saß einer, der gleich war einem Menschensohn; der hatte eine goldene Krone auf seinem Haupt und in seiner Hand eine scharfe Sichel.“ (Offb. 14,6-14)

Kurz vor Jesu Wiederkunft werden schreckliche Katastrophen die Erde heimsuchen. In der Vergangenheit war Gottes Volk auf solche Gottesgerichte nicht vorbereitet. Zur Zeit Noahs konnte die Sintflut erst hereinbrechen, nachdem die Bewohner der Erde gewarnt waren und die Arche fertig gebaut war (Matth. 24,37). Die endzeitliche Warnungsbotschaft wird weiterhin gepredigt werden, bis das „Schiff“ – die Gemeinde – bereit ist. Und dann wird das Ende kommen.

Wie wurde die dramatische Warnung zur Zeit Noahs den Menschen weltweit weitergegeben? Das schildert Petrus in seinem ersten Brief: Das geschah durch den Heiligen Geist. Es ist der gleiche Geist, durch den Jesus vom Tod auferstanden ist. Und durch ihn hat Christus zur Zeit Noahs den Menschen gepredigt, den „Geistern“, die von Satan im Kerker des Unglaubens gefangen gehalten wurden:

„Denn auch Christus hat einmal für die Sünden gelitten, der Gerechte für die Ungerechten, damit er euch zu Gott führte, und ist getötet nach dem Fleisch, aber lebendig gemacht nach dem Geist. In ihm ist er auch hingegangen und hat gepredigt den Geistern im Gefängnis, die einst ungehorsam waren, als Gott harrte und Geduld hatte zur Zeit Noahs, als man die Arche baute, in der wenige, nämlich acht Seelen, gerettet wurden durchs Wasser hindurch.“ (1. Petr. 3,18-20)

Die Bibel benutzt das Wort „Geister“ und meint damit Männer und Frauen, die damals gelebt haben. Davon lesen wir in 4. Mose 27,15.16. Die Bibel weist auch beim Wort „Gefangener“ darauf hin, dass es sich um Menschen handeln kann, die unter Satans Macht gefangen gehalten werden (Jes. 42,6.7).

Wir erfahren also aus der Bibel, dass es Christus war, der durch seinen Heiligen Geist und durch Noah die Bewohner der Erde vor der Sintflut warnte. Genauso wird es in den letzten Tagen kurz vor der Wiederkunft Jesu sein (Matth. 24,37). Christus wird durch den Heiligen Geist predigen, das meint, er wird durch geisterfüllte Menschen die Welt auf den zweiten Advent vorbereiten.

Ich bin nun viele Jahre Siebenten-Tags-Adventist und die meiste Zeit davon war ich als Prediger tätig. Ich glaube, dass in meiner Glaubensgemeinschaft, wie auch in vielen anderen christlichen Organisationen, viel Zeit in Pläne, Programme und Methoden investiert und viel Geld ausgegeben wurde, um der Welt Christus zu predigen. Ich bin nicht gegen Pläne, Programme und Methoden, aber ich befürchte, dass wir uns bisher in unseren missionarischen Bemühungen hauptsächlich auf diese Hilfsmittel verlassen haben. Doch Pläne, Programme und Methoden werden Gottes Werk nicht beenden. Begnadete Sprecher, wunderbare christliche Musikveranstaltungen oder Satellitenevangelisationen werden Gottes Werk nicht zu Ende führen. Der Heilige Geist wird dieses Werk vollenden, Gottes Geist, der durch geisterfüllte Männer und Frauen sprechen und wirken wird.

> *Gib mir eine Begeisterung für dein Gesetz*
> *und nicht für die Dinge dieser Welt.*

Persönliche Gedanken und Gesprächshilfe

1. *Warum, denkst du, ist Jesus noch nicht wiedergekommen?*

   _____

   _____

2. *Wie verglich Jesus die Zeit Noahs mit unseren Tagen?*

   _____

   _____

3. *Was oder wen wird Gott vor allem gebrauchen, um sein Werk auf Erden zu beenden?*

   _____

   _____

4. *Was kannst du tun, um solch eine Person zu werden, die Gott für die Vollendung seines Werkes gebrauchen möchte?*

   _____

   _____

Unsere Gebetszeit

- *Kontaktiere deinen Gebetspartner und besprich das Andachtsthema.*
- *Bete mit deinem Gebetspartner:*
  1. *dass Gott nicht aufhört, jeden von uns durch seinen Heiligen Geist näher an sein Herz zu ziehen.*
  2. *dass wir durch Gottes Geist Zeugen werden, so wie Noah es damals war.*
  3. *für die Menschen auf deiner Gebetsliste.*

Schließt folgenden Vers in euer Gebet mit ein:
„Führe mich auf dem Steig deiner Gebote; denn ich habe Gefallen daran." (Ps. 119,35)

19. Tag

Die Erfüllung mit dem Heiligen Geist ist für ein wirksames Zeugnis unentbehrlich

Das Neue Testament bezeugt deutlich, dass wir den Glauben nur dann wirkungsvoll bezeugen können, wenn wir mit dem Heiligen Geist erfüllt sind. Auch bei Jesus war es so.

Erst nach seiner Taufe am Jordan begann er öffentlich zu wirken. Lukas berichtet, dass Jesus von jenem Tag an vom Heiligen Geist erfüllt war und in der Kraft des Heiligen Geistes wirkte.

„Der Geist des Herrn ist auf mir, weil er mich gesalbt hat, zu verkündigen das Evangelium den Armen; er hat mich gesandt, zu predigen den Gefangenen, dass sie frei sein sollen, und den Blinden, dass sie sehen sollen, und den Zerschlagenen, dass sie frei und ledig sein sollen, zu verkündigen das Gnadenjahr des Herrn." (Luk. 4,18.19)

„Wie Gott Jesus von Nazareth gesalbt hat mit heiligem Geist und Kraft; der ist umhergezogen und hat Gutes getan und alle gesund gemacht, die in der Gewalt des Teufels waren, denn Gott war mit ihm." (Apg. 10,38)

Jesus war sich darüber im Klaren, dass er seine Aufgabe nur erfüllen konnte, wenn er sich vom Heiligen Geist führen ließ. Deshalb wies er auch die Jünger an, auf den verheißenen Heiligen Geist zu warten, bevor sie sich auf den Weg machten, um weltweit das Evangelium zu predigen (Apg. 1,4.5). Jesus sagte ihnen weiterhin, sie würden ihren Glauben kraftvoll bezeugen können, sobald sie mit dem Heiligen Geist erfüllt seien (Vers 8).

Die Jünger taten das, was Jesus ihnen geraten hatte. Sie warteten und vereinten sich im Gebet, bis sie vom Heiligen Geist so erfüllt wurden, wie es Jesus versprochen hatte (Vers 14).

Als Antwort auf diese zehntägige Gebetsgemeinschaft kam der Heilige Geist an Pfingsten *„und sie wurden alle erfüllt von dem Heiligen Geist."* (Apg. 2,1-4)

Was als Nächstes geschah, zeigt uns das eigentliche Ziel, das mit der Fülle des Heiligen Geistes erreicht werden sollte. Gott benutzte diese geisterfüllten Gläubigen, damit sie die großen Taten Gottes bekundeten (Vers 7-11). Er überwand sogar die Sprachschranken, damit die gute Nachricht des auferstandenen Erlösers den vielen Juden aus anderen Ländern, die an jenem Tag anwesend waren, verkündet werden konnte.

Dreitausend Menschen bekehrten sich auf die machtvolle Predigt des Petrus (Vers 41), und die frühe Gemeinde wuchs unaufhörlich (Vers 47).

Diese ersten Christen wussten, wie nötig sie es hatten, ganz und gar vom Heiligen Geist

> *Die geistliche Stärke, die Saulus mit so viel Vollmacht für den Glauben an Jesus zeugen ließ, war eine Folge der Erfüllung mit dem Heiligen Geist – so wie es Hananias erbeten hatte.*

erfüllt zu sein, denn nur so konnten sie nach dem Willen Gottes leben und nur so wurden sie zu überzeugenden Botschaftern für ihren Herrn. Die Ausgießung des Heiligen Geistes war so wichtig, dass viele Samariter, Männer und Frauen, die Jesus als ihren Erlöser angenommen hatten und durch Philippus getauft worden waren, nach ihrer Taufe von Petrus und Johannes besucht wurden. Die Apostel legten ihnen die Hände auf, damit sie den Heiligen Geist empfingen (Apg. 8,12-17).

Wir sehen einen ähnlichen Vorgang bei der Bekehrung des Saulus, als ihm Jesus auf dem Weg nach Damaskus erschien.

„Und als er auf dem Wege war und nahe an Damaskus kam, umleuchtete ihn plötzlich ein Licht vom Himmel; und er fiel auf die Erde und hörte eine Stimme, die sprach zu ihm: Saul, Saul, was verfolgst du mich? Er aber sprach: Herr, wer bist du? Der Herr sprach: Ich bin Jesus, den du verfolgst. Stehe auf und gehe in die Stadt; da wird man dir sagen, was du tun sollst. Die Männer aber, die seine Gefährten waren, standen und waren erstarrt; denn sie hörten die Stimme, aber sahen niemand." (Apg. 9,3-7)

Saulus sollte nach Damaskus gehen und dort auf weitere Anweisungen warten. Danach sandte Gott Hananias zu Saul. Dieser

legte ihm die Hände auf und betete, damit er sein Augenlicht wieder bekäme und vom Heiligen Geist erfüllt würde:

„Und Hananias ging hin und kam in das Haus und legte die Hände auf ihn und sprach: Lieber Bruder Saul, der Herr hat mich gesandt, Jesus, der dir auf dem Wege hierher erschienen ist, dass du wieder sehend und mit dem Heiligen Geist erfüllt werdest. Und sogleich fiel es von seinen Augen wie Schuppen, und er wurde wieder sehend; und er stand auf, ließ sich taufen." (Vers 17.18)

Weil er nun vom Heiligen Geist erfüllt war, „gewann Saulus immer mehr an Kraft" (Vers 22). Damit ist nicht nur körperliche Stärke gemeint. Der Zusammenhang zeigt, dass Saulus immer mehr an geistlicher Kraft zunahm, um mit überzeugenden Worten das Evangelium zu verkünden. Diese geistliche Stärke, die ihn mit so viel Vollmacht für den Glauben an Jesus zeugen ließ, war eine Folge der Erfüllung mit dem Heiligen Geist – so wie es Hananias erbeten hatte.

Damit wir Jesus ähnlicher werden, brauchen wir deinen Geist. Erfrische uns, wie du es versprochen hast, und schenke uns Kraft zum Zeugnis.

Persönliche Gedanken und Gesprächshilfe

1. *Wann bekam Jesus in seinem Dienst göttliche Vollmacht und
   wie beschreibt die Bibel sein geisterfülltes Wirken?*

   _____

   _____

2. *Was trug Jesus seinen Jüngern auf, bevor sie anfingen, das Evangelium
   zu verkünden?*

   _____

   _____

3. *Was erlebte die frühe Gemeinde nach der Ausgießung des
   Heiligen Geistes?*

   _____

   _____

Unsere Gebetszeit

- *Kontaktiere deinen Gebetspartner und besprich das Andachtsthema.*
- *Bete mit deinem Gebetspartner:*
  1. *Gott möge jeden von uns weiterhin mit seinem Heiligen Geist
     erfüllen*
  2. *die Kraft des Geistes Gottes möge unser Zeugnis beflügeln,
     so wie er es bei den ersten Christen tat.*
  3. *für die Menschen auf deiner Gebetsliste*

Schließt folgenden Vers in euer Gebet mit ein:
*„Meine Seele liegt im Staube; erquicke mich nach deinem Wort."
(Ps. 119,25)*

Die Erfüllung mit dem Heiligen Geist bereitet den Weg für die Wiederkunft Christi

Der Prophet Maleachi sagte voraus, dass Gott kurz vor der Wiederkunft Jesu den Propheten Elia senden werde, womit er sich auf eine „Elia-Botschaft" bezieht:

„Siehe, ich will euch senden den Propheten Elia, ehe der große und schreckliche Tag des HERRN kommt." (Mal. 3,32)

Die Verheißung eines kommenden „Elia" erfüllt sich auf zweierlei Weise. Die „Elia-Botschaft" wurde beim ersten Kommen Jesu verkündet, und es geschieht zum zweiten Mal vor seiner Wiederkunft. Der Evangelist Lukas schreibt, dass Johannes der Täufer die erste Anwendung der Prophezeiung in Maleachi erfüllt:

„Und er wird vor ihm hergehen in Geist und Kraft des Elia, zu bekehren die Herzen der Väter zu den Kindern und die Ungehorsamen zu der Klugheit der Gerechten, zuzurichten dem Herrn ein bereites Volk." (Luk. 1,17)

Johannes der Täufer bereitete die Menschen seiner Zeit „im Geist und in der Kraft des Elia" auf das Erscheinen des Messias vor.

„Denn er wird groß sein vor dem Herrn; Wein und starkes Getränk wird er nicht trinken und er wird schon von Mutterleib an erfüllt werden mit dem Heiligen Geist." (Luk. 1,15)

Die Kraft des Heiligen Geistes begleitete die Predigt Johannes des Täufers. Wahre Menschenmassen hörten ihm zu, und viele ließen sich taufen:

„Zu der Zeit kam Johannes der Täufer und predigte in der Wüste von Judäa und sprach: Tut Buße, denn das Himmelreich ist nahe herbeigekommen! Denn dieser ist's, von dem der Prophet Jesaja

gesprochen und gesagt hat: ,Es ist eine Stimme eines Predigers in der Wüste: Bereitet dem Herrn den Weg und macht eben seine Steige!' Er aber, Johannes, hatte ein Gewand aus Kamelhaaren an und einen ledernen Gürtel um seine Lenden; seine Speise aber waren Heuschrecken und wilder Honig. Da ging zu ihm hinaus die Stadt Jerusalem und ganz Judäa und alle Länder am Jordan und ließen sich taufen von ihm im Jordan und bekannten ihre Sünden." (Matth. 3,1-6)

Die Weissagung in Maleachi war Jesus wohlbekannt, und er bezog sie auf den Auftrag und die Botschaft von Johannes dem Täufer:

> *Bis jetzt haben wir den mächtigen Segen des Heiligen Geistes noch nicht erfahren. Diese Fülle wartet noch auf uns.*

„Denn alle Propheten und das Gesetz haben geweissagt bis hin zu Johannes; und wenn ihr's annehmen wollt: Er ist Elia, der da kommen soll. Wer Ohren hat, der höre!" (Matth. 11,13-15)

Die Prophezeiung von Maleachi hat jedoch eine zweite Anwendung. Sie sagt voraus, dass Gottes Endzeitvolk kurz vor Jesu Wiederkunft der Menschheit eine ernste Warnungsbotschaft zu verkünden hat. Damit ist die „Botschaft der drei Engel" aus Offb. 14,6-12 gemeint.

Diese „Elia-Botschaft" der letzten Tage zielt darauf ab, die Menschen auf die Wiederkunft Jesu vorzubereiten. Genauso wie Johannes der Täufer vom Geist Gottes erfüllt sein musste, um die Elia-Botschaft in seinen Tagen zu verkünden, so müssen auch die Gläubigen am Ende der Zeit von Gottes Geist erfüllt sein, damit sie der heutigen Welt diese letzte besondere Botschaft verkünden können.

Diese Warnungsbotschaft der letzten Tage, die durch ein geist-erfülltes Volk verkündet werden soll, wird „im Geist und in der Kraft" des Elia bekannt gemacht werden, wie zur Zeit Johannes des Täufers.

Warum wurde diese Endzeitbotschaft noch nicht mit Vollmacht verkündet? Sie wird ja bereits seit 150 Jahren gepredigt. Unsere Gemeinde hat früher schon viel Geld dafür ausgegeben und tut es weiterhin. Woran liegt es, dass die Verkündigung noch nicht die nötige Durchschlagskraft besitzt? Ich persönlich glaube, dass wir noch nicht genug verstehen, was die „Fülle des Heiligen Geistes" ist, und dass wir das noch nicht genug erfahren haben.

Ich will damit nicht in Frage stellen, dass Gott unsere bisherigen Bemühungen gesegnet hat. Ja, wir haben versucht, die Welt im Hinblick auf die Wiederkunft Jesu in jeder Hinsicht zu warnen. Doch bis jetzt haben wir den mächtigen Segen des Heiligen Geistes noch nicht erfahren. Diese Fülle wartet noch auf uns. Wenn wir ganz und gar mit dem Heiligen Geist erfüllt sind, werden wir die „Botschaft der drei Engel" im Geist und in der Vollmacht des Elia verkündigen.

*Lass mich deine Ratschläge lieben und
nicht so sehr das Geld und den Besitz.
Erfülle mich mit deinem Geist,
dass ich so stark werde wie Elia.*

Persönliche Gedanken und Gesprächshilfe

1. *Auf welche Weise erfüllte sich Maleachis Voraussage bezüglich der „Elia-Botschaft"?*

   _____

   _____

2. *Was bedeutet die Elia-Botschaft für unsere Tage?*

   _____

   _____

3. *Welche geistliche Erfahrung ist notwendig, damit sich Maleachis Voraussage in unseren Tagen erfüllt?*

   _____

   _____

4. *Was wird geschehen, wenn Gottes Botschaft im Geist und in der Kraft Elias verkündet wird?*

   _____

   _____

Unsere Gebetszeit

- *Kontaktiere deinen Gebetspartner und besprich das Andachtsthema.*
- *Bete mit deinem Gebetspartner:*
  1. *Gott möge jeden von uns weiterhin mit dem Heiligen Geist salben.*
  2. *Gott möge sein Volk und seine Gemeinde mit dem Heiligen Geist erfüllen.*
  3. *für die Menschen auf deiner Gebetsliste.*

Schließt folgenden Vers in euer Gebet mit ein:
„Neige mein Herz zu deinen Mahnungen und nicht zur Habsucht."
(Ps. 119,36)

21. Tag

Das „Laodizea-Problem" der Gemeinde

Im Buch der Offenbarung gab Gott uns eine prophetische Schau in Bezug auf die Geschichte der christlichen Gemeinde. In Offenbarung 2 und 3 lesen wir Briefe an sieben Gemeinden, die damals tatsächlich in Kleinasien existierten. Ihr Zustand wird mit sieben Abschnitten der Kirchengeschichte verknüpft, angefangen bei der frühen apostolischen Kirche bis zur Gemeinde in unseren Tagen.

Die siebente Gemeinde wird in Offenbarung 3,14-21 so beschrieben:

„Und dem Engel der Gemeinde in Laodizea schreibe: Das sagt, der Amen heißt, der treue und wahrhaftige Zeuge, der Anfang der Schöpfung Gottes: Ich kenne deine Werke, dass du weder kalt noch warm bist. Ach, dass du kalt oder warm wärest! Weil du aber lau bist und weder warm noch kalt, werde ich dich ausspeien aus meinem Munde. Du sprichst: Ich bin reich und habe genug und brauche nichts! und weißt nicht, dass du elend und jämmerlich bist, arm, blind und bloß. Ich rate dir, dass du Gold von mir kaufst, das im Feuer geläutert ist, damit du reich werdest, und weiße Kleider, damit du sie anziehst und die Schande deiner Blöße nicht offenbar werde, und Augensalbe, deine Augen zu salben, damit du sehen mögest. Welche ich liebhabe, die weise ich zurecht und züchtige ich. So sei nun eifrig und tue Buße! Siehe, ich stehe vor der Tür und klopfe an. Wenn jemand meine Stimme hören wird und die Tür auftun, zu dem werde ich hineingehen und das Abendmahl mit ihm halten und er mit mir. Wer überwindet, dem will ich geben, mit mir auf meinem Thron zu sitzen, wie auch ich überwunden habe und mich gesetzt habe mit meinem Vater auf seinen Thron."

Heute leben wir im Zeitalter der Gemeinde Laodizea. Diese Stadt war als Kurort bekannt, für heiße und kalte Bäder. Die Vorteile einer Hydrotherapie sind heute wohlbekannt, und dies ist ein gutes Bild, wenn wir lesen, dass Gott die heutige Gemeinde als lauwarm beschreibt, weder heiß noch kalt (Vers 16). Dies missfällt Gott sehr, so sehr, dass er sie aus seinem Mund ausspucken wird, wenn sie lauwarm bleibt.

Warum ist dieser lauwarme Zustand in Gottes Augen so bedenklich? Die Antwort finden wir in seinem Rat an die Gemeinde. Gott will, dass sie entweder warm oder kalt ist. Er erwartet, dass die Gemeinde in dieser Welt eine heilende Wirkung ausübt. Sehen wir ein, dass eine lauwarme Gemeinde keinen therapeutischen Einfluss hat? Wir merken es daran, dass Menschen, die in Kontakt mit uns kommen, nur wenig Nutzen davon haben. Doch Gott möchte, dass die Gemeinde überall einen lebensverändernden Einfluss ausübt.

Das erinnert an den Auftrag Jesu, dass die Gemeinde das „Salz der Erde" sein soll:

„Ihr seid das Salz der Erde. Wenn nun das Salz nicht mehr salzt, womit soll man salzen? Es ist zu nichts mehr nütze, als dass man es wegschüttet und lässt es von den Leuten zertreten." (Matth. 5,13)

Salz-Therapien wie auch Wechselbäder und Wechselduschen fördern die Gesundheit und können heilen. Jesus sagt im Buch der Offenbarung voraus, dass Gott die Gemeinde ausspuckt, wenn wir keine heilsame Wirkung besitzen und lauwarm bleiben. Im Matthäus-Evangelium erklärt Jesus, dass Salz weggeworfen wird, wenn es schal geworden ist und nach nichts mehr schmeckt (5,13). Wir finden in der Offenbarung wie im Matthäus-Text den gleichen Gedanken: Wenn die Gemeinde nicht heilsam wirkt, hat sie für Gott keinen Wert und wird schließlich weggeworfen.

> **Gott will, dass die Gemeinde entweder warm oder kalt ist.**

Jesus offenbarte, auf welche Weise seine Gemeinde für das Leben förderlich sein kann, als er sagte:

„Wer an mich glaubt, wie die Schrift sagt, von dessen Leib werden Ströme lebendigen Wassers fließen." Dann erklärte Johannes, was Jesus damit meinte:

„Das sagte er aber von dem Geist, den die empfangen sollten, die an ihn glaubten; denn der Geist war noch nicht da; denn Jesus war noch nicht verherrlicht." (Joh. 7,38.39) Wäre die Gemeinde ganz und gar vom Heiligen Geist erfüllt, würde sie das geistliche Leben bei anderen wecken und fördern: Sie gibt das Leben weiter, das sie von Christus empfängt.

Gottes Warnung an die Laodizea-Christen der letzten Tage ist dramatisch. Wenn wir bereit sein wollen, um Jesus zu begegnen, wenn er wiederkommt, müssen wir unsere Trägheit abschütteln, unsere Komfort-Zone verlassen. Wir müssen uns von Gott verändern lassen – von einer Gemeinde, die derzeit noch um sich selber kreist, zu einer, die anderen Heilung und Leben bringt. Doch leider sind sich nur wenige Christen in der Gemeinde Laodizea ihres kritischen Zustandes bewusst. *„Du sprichst: Ich bin reich und habe genug und brauche nichts! und weißt nicht, dass du elend und jämmerlich bist, arm, blind und bloß."* (Offb. 3,17)

Habe Erbarmen mit uns, denn wir befinden uns in einem trostlosen und erbärmlichen Zustand.
Vergib uns unsere Sünden und hilf uns aus diesem Laodizea-Zustand heraus.

Persönliche Gedanken und Gesprächshilfe

1. *Warum möchte Gott, dass wir entweder warm oder kalt sind? Was bedeutet es, wenn die Bibel die heutige Gemeinde als lauwarm bezeichnet?*

   _____

   _____

2. *Was sind die Anzeichen dafür, dass eine Ortsgemeinde lauwarm sein kann?*

   _____

   _____

3. *Welche Merkmale könnten darauf hinweisen, dass du ein lauwarmer Adventist bist?*

   _____

   _____

Unsere Gebetszeit

- *Kontaktiere deinen Gebetspartner und besprich das Andachtsthema.*
- *Bete mit deinem Gebetspartner:*
  1. *dass Gott jeden von uns täglich neu mit seinem Heiligen Geist erfüllt.*
  2. *dass Gott seiner Gemeinde hilft, aus ihrem lauwarmen Laodizea-Zustand zu gelangen.*
  3. *für die Menschen auf deiner Gebetsliste.*

Schließt folgenden Vers in euer Gebet mit ein:
„Wende dich zu mir und sei mir gnädig; denn ich bin einsam und elend. Die Angst meines Herzens ist groß; führe mich aus meinen Nöten! Sieh an meinen Jammer und mein Elend und vergib mir alle meine Sünden!"
(Ps. 25,16-18)

22. Tag

Die Lösung für den Laodizea-Zustand

Die entscheidende Frage für die Gemeinde von heute lautet: Wie wird aus einer nicht-therapeutischen Gemeinde eine heilsame? Gottes Botschaft an die Gemeinde Laodizea gibt uns die Antwort darauf. Jesus versichert, dass er vor der Tür steht und um Einlass in unser Leben bittet:

„Siehe, ich stehe vor der Tür und klopfe an. Wenn jemand meine Stimme hören wird und die Tür auftun, zu dem werde ich hineingehen und das Abendmahl mit ihm halten und er mit mir." (Offb. 3,20)

Wie lassen wir Jesus herein? Indem wir diesen Aufruf ernst nehmen. Unser Zustand wird uns dann leidtun und wir sind bereit, unser Denken und Leben zu ändern. *„So sei nun eifrig und tue Buße!"* (Offb. 3,19b)

In diesen Versen sagt Jesus seinen Jüngern, er werde durch den Heiligen Geist zu ihnen kommen. Nachdem zu Pfingsten der Heilige Geist ausgegossen worden war, stand er zur Verfügung. Jeder Einzelne kann sich vom Heiligen Geist erfüllen lassen, und dadurch lebt Jesus in uns:

„Und wer seine Gebote hält, der bleibt in Gott und Gott in ihm. Und daran erkennen wir, dass er in uns bleibt: An dem Geist, den er uns gegeben hat." (1. Joh. 3,24)

Was für eine Wirkung hat die Erfüllung mit dem Heiligen Geist auf einen lauwarmen Christen? Der Heilige Geist wird den Empfänger beleben. Erweckung ist die einzige Lösung für Laodizeas Problem. Nur durch diese Neubelebung wird die Gemeinde einen heilenden Einfluss in dieser Welt ausüben.

Nur durch eine Erweckung wird die Gemeinde zugerüstet, sodass Gott sie in machtvoller Weise gebrauchen kann – als Werkzeug,
um andere Menschen aus der Macht der Finsternis zu befreien. Ellen
White wusste von der Dringlichkeit einer Erweckung, als sie schrieb:
„Eine Erweckung zu wahrer Frömmigkeit unter uns ist das größte
und dringendste unserer Bedürfnisse. Danach zu streben sollte unsere
wichtigste Aufgabe sein." (Für die Gemeinde geschrieben, Bd. 1,
S. 129)

Sie verstand auch den Zusammenhang zwischen der Erfüllung mit
dem Heiligen Geist und einer Erweckung:

„Wenn Gottes Geist wie damals zu Pfingsten ausgegossen wird,
führt das zu einer geistlichen Erweckung, die ihren Ausdruck in er-
staunlichen Taten findet." (Für die Gemeinde geschrieben, Bd. 2,
S. 57)

Die Erfüllung mit dem Heiligen Geist gibt den Laodizea-Christen
die nötige Kraft für eine geistliche Erweckung wie auch die Kraft zum
Zeugnis. Jesus wusste, wie wichtig die Ausgießung des Heiligen Geistes
beim Frühregen zu Pfingsten sein werde. Er sagte:

*„Ich bin gekommen, ein Feuer anzuzünden auf Erden; was wollte ich
lieber, als dass es schon brennte!"* (Luk. 12,49)

Von welchem Feuer sprach Jesus? Er meinte das Feuer des Heiligen
Geistes:

*„Da antwortete Johannes und sprach zu allen: Ich taufe euch mit
Wasser; es kommt aber einer, der ist stärker als ich, und ich bin nicht wert,
dass ich ihm die Riemen seiner Schuhe löse; der wird euch mit dem Heiligen Geist und mit Feuer taufen."* (Luk. 3,16)

Aber wie können Christen aus Laodizea die Erfüllung mit dem
Heiligen Geist erleben und dabei eine Erweckung erfahren? Auf die
gleiche Weise, wie es schon immer geschah – indem wir beten und
Gottes Verheißung beim Wort nehmen! Die ersten Christen wurden
zu Pfingsten vom Heiligen Geist erfüllt. Das war eine Folge ihrer vereinten Gebete. Zehn Tage lang hatten sie sich zum Gebet versammelt
und Gott gebeten, dass er sein Versprechen wahr mache.

*„Und als er mit ihnen zusammen war, befahl er ihnen, Jerusalem
nicht zu verlassen, sondern zu warten auf die Verheißung des Vaters,
die ihr, so sprach er, von mir gehört habt; denn Johannes hat mit*

Wasser getauft, ihr aber sollt mit dem Heiligen Geist getauft werden nicht lange nach diesen Tagen." (Apg. 1,4.5) „*Aber ihr werdet die Kraft des Heiligen Geistes empfangen, der auf euch kommen wird, und werdet meine Zeugen sein in Jerusalem und in ganz Judäa und Samarien und bis an das Ende der Erde.*" (Vers 8) „*Diese alle waren stets beieinander einmütig im Gebet samt den Frauen und Maria, der Mutter Jesu, und seinen Brüdern.*" (Vers 14)

Ellen White bestätigte dies:

„Eine Erneuerung kann nur als Gebetserhörung stattfinden." (Für die Gemeinde geschrieben, Bd. 1, S. 129)

Jeder Christ hat es heute nötig, wie David zu beten:

„*Willst du uns nicht wieder beleben, dass dein Volk sich in dir freue?*" (Ps. 85,7)

> *Rüttle uns auf und mach aus uns begeisterte Nachfolger.*
> *Erfülle uns, sodass wir für dich „brennen".*

Persönliche Gedanken und Gesprächshilfe

1. *Wo liegt die einzige Lösung für das Laodizea-Problem?*

   _____

   _____

2. *Was braucht die Gemeinde am nötigsten – nach Aussage von Ellen White?*

   _____

   _____

3. *Welche beiden Voraussetzungen muss die Gemeinde erfüllen, um eine echte Erweckung zu erleben?*

   _____

   _____

4. *Wie wird eine Erweckung in einer geisterfüllten Adventgemeinde und im Alltagsleben ihrer Glieder sichtbar?*

   _____

   _____

Unsere Gebetszeit

- *Kontaktiere deinen Gebetspartner und besprich das Andachtsthema.*
- *Bete mit deinem Gebetspartner:*
   1. *dass Gott jeden von uns immer wieder mit seinem Heiligen Geist erfüllt.*
   2. *dass Gott uns als Gemeinde und als Einzelne eine Erweckung schenkt.*
   3. *für die Menschen auf deiner Gebetsliste.*

Schließt folgenden Vers in euer Gebet mit ein:
„Willst du uns denn nicht wieder erquicken, dass dein Volk sich über dich freuen kann?" (Ps. 85,7)

Gebet und Evangelisation

Wir haben gestern beim Bibelstudium herausgefunden, dass das Gebet für uns Einzelne wie auch für unsere Gemeinde unentbehrlich ist, wenn wir eine Erweckung erleben wollen. Nur durch das Gebet können wir „Satans Festungen" überwinden und Verlorene retten:

„Denn die Waffen unseres Kampfes sind nicht fleischlich, sondern mächtig im Dienste Gottes, Festungen zu zerstören. Wir zerstören damit Gedanken und alles Hohe, das sich erhebt gegen die Erkenntnis Gottes, und nehmen gefangen alles Denken in den Gehorsam gegen Christus." (2. Kor. 10,4.5)

Das Gebet ist für einen Christen unbedingt nötig, damit er im Glauben fest bleibt:

„Betet allezeit mit Bitten und Flehen im Geist und wacht dazu mit aller Beharrlichkeit im Gebet für alle Heiligen." (Eph. 6,18)

Warum ist unser Gebet im Werk Gottes so wichtig und wesentlich?

Menschen in unserem Bekanntenkreis, die ohne Christus leben und somit unter Satans Einflussbereich stehen, gefährden ihr ewiges Leben, wenn sie nicht umkehren. Allerdings haben sie aus sich selber heraus keine Kraft zur Veränderung. Paulus schreibt, ihre Sicht sei von Satan verblendet worden:

„Ist nun aber unser Evangelium verdeckt, so ist's denen verdeckt, die verloren werden, den Ungläubigen, denen der Gott dieser Welt den Sinn verblendet hat, dass sie nicht sehen das helle Licht des Evangeliums von der Herrlichkeit Christi, welcher ist das Ebenbild Gottes." (2. Kor. 4,3.4)

Die Verlorenen sind „geblendet" für das Evangelium, weil es vor ihnen „verdeckt" ist. Im Grundtext steht das griechische Wort „kalupsis" für „verdeckt", was sich auch mit „Schleier" übersetzen lässt. Wenn wir verlorene Menschen retten wollen, müssen wir diesen Schleier wegnehmen. Wenn man die Vorsilbe „apo" vor das griechische Wort setzt, wird aus dem Wort für „Schleier" das Wort „Offenbarung" (apokalypsis), was so viel bedeutet wie „Enthüllung". Somit brauchen Verlorene eine Enthüllung oder Offenbarung von Gottes Wahrheit. Sie brauchen nicht mehr Informationen, vielmehr braucht ihr Verstand mehr Einsicht, damit sie die Wahrheit des Evangeliums „sehen" können. Wir müssen uns also fragen, wie dieser Schleier im Denken und in der Lebenseinstellung von Verlorenen weggezogen werden kann.

Da gibt es nur eins: das Fürbittegebet. Es kann den Schleier der geistlichen Blindheit von Ungläubigen entfernen. Ihre falschen Vorstellungen und Gedanken sind wie Bollwerke, die Satan in ihrem Geist errichtet hat. Doch die wunderbare Nachricht lautet: Gott hat seine Nachfolger dazu ermächtigt, Satans Festungen niederzureißen *„und nehmen gefangen alles Denken in den Gehorsam gegen Christus".* (2. Kor. 10,4.5) Diese beiden Verse sind sehr wichtig, damit wir begreifen, welches Ziel das Fürbittegebet für die Verlorenen hat.

> *Nur das Fürbittegebet kann den Schleier der geistlichen Blindheit von Ungläubigen entfernen.*

Ellen White hatte die Notwendigkeit der Fürbitte für solche, die ohne Christus leben, klar erkannt. Sie schrieb:

„Du musst durch viel Gebet um Menschen ringen, denn dies ist die einzige Möglichkeit, ihre Herzen zu erreichen. Es ist nicht deine Arbeit, sondern das Wirken Christi, der stets an deiner Seite ist, das das Herz der Menschen berührt." (Evangelism, S. 342)

Im englischen „Praying Church Sourcebook" wird anhand der folgenden Liste gezeigt, was sich Gott im Hinblick auf verlorene Menschen wünscht. Als Nachfolger Christi haben wir das Recht, diese Bitten für die Verlorenen vor den Thron der Gnade Gottes zu bringen.

Folgende Gedanken und Texte kannst du in dein Gebet mit einbeziehen:

TAGE

1. dass Gott sie zu sich zieht (Joh. 6,44).
2. dass sie ihn suchen und kennenlernen (Apg. 17,27).
3. dass sie der Bibel glauben (1. Thess. 2,13).
4. dass Satan sie nicht mehr vor der Wahrheit blendet und sein Einfluss in ihrem Leben gebrochen wird (2. Kor. 4,4; 10,4.5).
5. dass der Heilige Geist sie beeinflusst (Joh. 16,8-13).
6. dass sie die Sünde aufgeben (Apg. 3,19).
7. dass sie Jesus als ihren Erlöser erkennen und annehmen (Joh. 1,12).
8. dass sie Jesus als ihrem Herrn gehorchen wollen (Matth. 7,21).
9. dass sie in Christus wachsen und in ihm verwurzelt werden (Kol. 2,6.7).

Lass uns dein Wesen widerspiegeln.
Segne unsere Bemühungen, deine Gute Nachricht an unsere
Gemeinde und unsere Umgebung weiterzugeben.

Persönliche Gedanken und Gesprächshilfe

1. *Was sagt Ellen White über das Fürbittegebet für Verlorene?*

   _____

   _____

2. *Was bewirkt das Gebet bei den Menschen, bei denen wir unseren Glauben bezeugen?*

   _____

   _____

3. *Wie wirst du die hier aufgezeigten Richtlinien in deinen Fürbitte-gebeten anwenden?*

   _____

   _____

Unsere Gebetszeit

- *Kontaktiere deinen Gebetspartner und besprich das Andachtsthema.*
- *Bete mit deinem Gebetspartner:*
  1. *Gott möge jeden von uns weiterhin mit seinem Heiligen Geist erfüllen.*
  2. *Gott bringe eine Erweckung in unser eigenes Leben und in seine Gemeinde.*
  3. *Gott möge uns leiten, damit wir wahre Gebetskämpfer für Verlorene werden.*
  4. *für die Menschen auf deiner Gebetsliste.*

Schließt folgenden Vers in euer Gebet mit ein:
„Und der Herr, unser Gott, sei uns freundlich und fördere das Werk unserer Hände bei uns. Ja, das Werk unserer Hände wollest du fördern!"
(Ps. 90,17)

Wie hat Jesus das Evangelium verkündet?

Von Ellen White haben wir eine klare Beschreibung der Evangelisationsmethode Jesu:

„Der Heiland aber begab sich unter die Menschen als einer, der Gutes für sie wünschte. Er bewies sein Mitgefühl für sie, half ihren Nöten ab und gewann ihr Vertrauen. Erst dann gebot er ihnen: ‚Folgt mir nach.‘" (Auf den Spuren des großen Arztes, S. 106)

Jesus möchte, dass wir nach seiner Methode arbeiten. Dies geschieht durch das Wirken des Heiligen Geistes, denn dadurch werden wir Jesus immer ähnlicher.

Er möchte uns dahin führen, dass wir mit Angehörigen und Freunden in unserem Umfeld liebevoll umgehen. Wir sollen uns dafür einsetzen, dass es ihnen möglichst gut geht, „ihr Bestes" suchen. Das Allerbeste für sie ist allerdings, wenn sie Jesus Christus als ihren Retter kennenlernen.

Es war Christi Methode, auf andere Menschen zuzugehen, um Kontakte in seinem Umfeld zu knüpfen. Er möchte, dass wir das genauso machen. Wenn dir dies schwerfällt, musst du Gott weiterhin um Hilfe bitten, und er wird dich erhören! Vergiss nicht: Es ist Jesus, der dich dazu innerlich bewegt. Wenn du weiterhin in voller Hingabe an ihn lebst und jeden deiner Bereiche seiner Führung überlässt, wirst du immer mehr auf dieselbe Weise das Evangelium bezeugen, wie Jesus es tat.

Wenn wir beständig um die Erfüllung durch den Heiligen Geist bitten, wird die Liebe Gottes in unseren Herzen immer mehr Raum gewinnen:

„Hoffnung aber lässt nicht zu Schanden werden; denn die Liebe Gottes ist ausgegossen in unsere Herzen durch den Heiligen Geist, der uns gegeben ist." (Röm. 5,5)

Diese Liebe wird in unserem Einsatz für andere zu sehen sein. Die Menschen werden uns ihr Vertrauen schenken, wenn sie sehen, dass wir uns wirklich um sie kümmern. Dann werden sie uns auch ihre persönlichen Angelegenheiten anvertrauen. Jeder Mensch hat seine Nöte, unerfüllte Träume, Enttäuschungen und Probleme, mit denen er zu kämpfen hat. Aus diesem Grund schickt dich Jesus zu bestimmten Menschen. Er kennt ihre Bedürfnisse und weiß, dass du ihnen eine Hilfe sein kannst. Durch dich finden sie Antworten auf ihre Fragen und durch dich möchte er sich ihnen offenbaren.

Dazu schrieb Ellen White:

„Unter Gottes Volk wird fürsorgliches Verhalten zu wenig gepflegt … Besonders diejenigen, die Gottes Liebe selber erfahren haben, sollten Anteilnahme zeigen, denn auf diese Weise würden sie Menschen für Jesus gewinnen." (Testimonies for the Church, vol. 6, S. 172)

„Menschen werden durch persönlichen Kontakt mit der rettenden Kraft des Evangeliums erreicht." (Das bessere Leben, S. 33)

Wie können geisterfüllte Christen dies praktizieren? Bete zuallererst dafür, dass der Heilige Geist dich weiterhin täglich neu erfüllt und dir ein tiefes Interesse am Wohlergehen deiner Mitmenschen schenkt. Erstelle eine Liste mit den Namen jener Personen deines Familien- und Bekanntenkreises, von denen du denkst, dass sie Jesus nicht kennen. Oder sie sind vielleicht Christen, die keine Ahnung von der baldigen Wiederkunft Jesu haben. Beginne jeden Tag für diese Menschen zu beten, indem du die Gebetsgrundsätze und die vorgeschlagenen Texte aus der letzten Andacht anwendest. Als Nächstes bete darum, dass Gott dir die Gelegenheit gibt, mit ihnen in Kontakt zu treten, damit du ihnen helfen kannst. Wir müssen bereitwillig Zeit und Kraft aufwenden, damit wir anderen Menschen nahe kommen. Unser Interesse an ihnen muss echt und liebevoll sein – im Bemühen, ihnen zu helfen. Wenn du Kontakt mit denen hast, für die du betest, achte auf die von Gott geöffneten Türen für das, was du ihnen weitergeben kannst.

Erinnere dich stets daran, dass Gott diese Menschen schon lange sucht. Er möchte ihre Gedanken und Interessen auf sich ziehen.

Immer wieder gebraucht er uns als Werkzeug, um Mitmenschen zu ermutigen, manchmal nur durch ein Wort, einen Satz. Er weiß, was sie hören müssen. Und die Kraft des Heiligen Geistes begleitet deine Worte.

Segne dein Wort, das dieser Gemeinde gepredigt worden ist.
Möge dein Wort ein Segen sein, wenn ich für dich zeuge.
Möge dein Wort sein Ziel nicht verfehlen.

Persönliche Gedanken und Gesprächshilfe

1. *Worin bestand die Evangelisationsmethode Jesu?*

   _____

   _____

2. *Warum hat er ausgerechnet diese Methode zur Evangeliums-verkündigung gewählt?*

   _____

   _____

3. *Was sollen Christen tun, wenn sie kein Verlangen spüren, von ihrem Glauben an Jesus zu zeugen?*

   _____

   _____

4. *Worum sollten wir Gott ausdrücklich bitten, wenn wir das Evangelium verkünden wollen?*

   _____

   _____

5. *Wie möchtest du die Methode Jesu anwenden?*

   _____

   _____

Unsere Gebetszeit

- *Kontaktiere deinen Gebetspartner und besprich das Andachtsthema.*
- *Bete mit deinem Gebetspartner:*
  1. *Gott möge jeden von uns täglich neu mit seinem Hl. Geist erfüllen.*
  2. *Gott bringe eine Erweckung in unser Leben und in seiner Gemeinde.*
  3. *Gott leite uns, Zeugen nach dem Vorbild Jesu zu sein.*
  4. *für die Menschen auf deiner Gebetsliste.*

Schließt folgenden Vers in euer Gebet mit ein:
„So soll das Wort, das aus meinem Munde geht, auch sein:
Es wird nicht wieder leer zu mir zurückkommen, sondern wird tun, was
mir gefällt, und ihm wird gelingen, wozu ich es sende." (Jes. 55,11)

Vierter Teil

Geisterfüllt in Christus bleiben

25. Tag

Der Weg zur Erkenntnis

Zu den wichtigsten biblischen Wahrheiten, die Gläubige fassen können, gehört das „Leben in Christus". Alles hängt davon ab, ob der Gläubige in Christus bleibt und Christus im Gläubigen ist. Und jeder Christ, der diese herrliche Wahrheit über „Christus in uns" entdeckt hat, geht einen ähnlichen Weg wie seine Mitreisenden.

Vielleicht hast du Jesus als deinen Erlöser angenommen, warst jedoch in deiner christlichen Praxis blockiert und verwirrt, weil du Gott nicht genügend vertraut und gehorcht hast und deshalb dein Dienst wirkungslos geblieben ist. Du sehnst dich nach einer engeren Freundschaft mit Jesus, hast sie aber nie erfahren. Du kämpfst mit hartnäckigen Sünden, doch es kommt dir vor, als würden deine Sünden den Kampf gewinnen. Du betest und studierst die Bibel, doch das bringt dir offenbar nicht den ersehnten Durchbruch. Nach jahrelangem Ringen bist du nun müde und enttäuscht. Du fühlst dich als Versager. Ein beständiges, siegreiches Leben über die Sünde scheint dir unerreichbar.

Doch eines Tages entdeckst du das Geheimnis eines Lebens in enger Verbindung mit Christus – Jesu Leben in dir. Einmal entdeckt, bist du überrascht, wie einfach diese wunderbare Wahrheit ist, die du so lange nicht begriffen hast. Nach dieser Entdeckung ist dein Leben nicht mehr dasselbe. Deine Freude über die enge Beziehung mit Jesus ist nun tief und beständig. Dein Leben ist nun stets siegreich, du überwindest sogar hartnäckige Sünden. Die Belastungen und Ängste in deinem Dienst für Jesus sind wie weggeblasen, und dein Einsatz wird mit Erfolg gekrönt.

Die Wahrheit über ein Leben in Christus und Christus in uns, und die siegreiche Lebenspraxis sind so einfach – und doch so schwer zu fassen – dass dies die meisten Christen nie völlig begreifen. Gott ruft uns heute zu dieser wunderbaren Glaubenserfahrung in Jesus auf. Warum heute? Weil Jesus bald kommt! Und alle, die auf diese Begegnung vorbereitet sind, werden ihm gleich sein:

„Meine Lieben, wir sind schon Gottes Kinder; es ist aber noch nicht offenbar geworden, was wir sein werden. Wir wissen aber: Wenn es offenbar wird, werden wir ihm gleich sein; denn wir werden ihn sehen, wie er ist." (1. Joh. 3,2)

Deine tägliche Erfahrung wird zu einem vollständigen Sieg in Christus führen:

„Denn dazu seid ihr berufen, da auch Christus gelitten hat für euch und euch ein Vorbild hinterlassen, dass ihr sollt nachfolgen seinen Fußstapfen; er, der keine Sünde getan hat und in dessen Mund sich kein Betrug fand; der nicht widerschmähte, als er geschmäht wurde, nicht drohte, als er litt, er stellte es aber dem anheim, der gerecht richtet." (1. Petr. 2,21-23)

Diese wunderbare biblische Wahrheit ist daher für uns heutige Christen sehr wichtig. Jesus wird bald wiederkommen und Gott möchte uns eine viel tiefere Erfahrung mit ihm schenken, als die meisten von uns jemals gehabt haben.

Dieser Andachtsteil soll den Lesern helfen, noch besser zu verstehen und noch tiefer zu erfahren, wie du „in Christus bleiben" und was für ein Angebot Gott uns hiermit macht. Christus „in uns", die Hoffnung der Herrlichkeit für sein Volk:

„... denen Gott kundtun wollte, was der herrliche Reichtum dieses Geheimnisses unter den Heiden ist, nämlich Christus in euch, die Hoffnung der Herrlichkeit." (Kol. 1,27)

Haben Gläubige einmal diese Wahrheit entdeckt und verstanden, werden sie von ganzem Herzen Gott dafür die Ehre geben. Die Befreiung, die Christus ihnen schenkt, lässt alle menschliche Prahlerei in den Staub sinken. Menschen können sich niemals rühmen, sie hätten den Sieg über Versuchung und Sünde errungen. Alle Ehre wird Gott gehören, und in alle Ewigkeit wird man ihn dafür loben:

„Damit sich kein Mensch vor Gott rühme. Durch ihn aber seid ihr in Christus Jesus, der uns von Gott gemacht ist zur Weisheit

*und zur Gerechtigkeit und zur Heiligung und zur Erlösung, da-
mit, wie geschrieben steht: Wer sich rühmt, der rühme sich des Herrn!"*
(1. Kor. 1,29-31)

*Befreie uns aus unserer geistlichen Dunkelheit.
Herr, erhebe dich in unserer Mitte
und offenbare die Herrlichkeit deines Charakters durch uns.
Führe viele in unsere Gemeinde,
zum Licht der Wahrheit, die du uns gegeben hast.*

Persönliche Gedanken und Gesprächshilfe

1. *Beschreibe den Weg, dem die meisten Christen folgten, die die Wahrheit über „Christus in euch, die Hoffnung der Herrlichkeit" entdeckt haben.*

   _____

   _____

2. *Wie wird sich das christliche Leben verändern, wenn diese Wahrheit verstanden und erfahren wird? Warum müssen wir diese Wahrheit unbedingt verstehen und erleben?*

   _____

   _____

3. *Wie groß ist deine Sehnsucht, diese Wahrheit zu verstehen und persönlich zu erfahren, was es bedeutet, in Christus zu leben und Christus in dir zu haben? Könntest du es auf einer Skala von 1-10 angeben? Begründe deine Antwort.*

   _____

   _____

Unsere Gebetszeit

- *Kontaktiere deinen Gebetspartner und besprich das Andachtsthema.*
- *Bete mit deinem Gebetspartner:*
  1. *Gott möge jeden von uns weiterhin durch seinen Heiligen Geist führen.*
  2. *Gott gebe uns Verständnis für die biblische Wahrheit, „in Christus bleiben".*
  3. *für die Menschen auf deiner Gebetsliste.*

Schließt folgenden Vers in euer Gebet mit ein:
„Denn siehe, Finsternis bedeckt das Erdreich und Dunkel die Völker; aber über dir geht auf der HERR, und seine Herrlichkeit erscheint über dir. Und die Heiden werden zu deinem Lichte ziehen und die Könige zum Glanz, der über dir aufgeht." (Jes. 60,2.3)

26. Tag

Der Kampf des Christen

Ich nenne die heutige Andacht den „Kampf des Christen", weil Menschen ohne Gott die besonderen Kämpfe nicht kennen, die ein Christ zu bewältigen hat. Der Heilige Geist kann im Leben eines unbekehrten Menschen nicht die Führung übernehmen, denn der Unbekehrte wird nur von seinen egoistischen Gedanken beherrscht. Paulus nennt eine solche Gesinnung *„Feindschaft gegen Gott, weil das Fleisch dem Gesetz Gottes nicht untertan ist; denn es vermag es auch nicht"* (Röm. 8,7).

Einer, der nicht mit Christus lebt, kann durchaus moralisch handeln, aber er verbirgt sein Fehlverhalten aus selbstsüchtigen Gründen oder weil er sich an eine Gruppe anpassen will oder nicht erwischt werden möchte. Vielleicht ist er in einer Familie aufgewachsen, die sittliche Grundsätze vertrat, und dann mahnt ihn sein Gewissen zu Anstand und moralischem Verhalten.

Anders ist es bei Christen. Sie gehorchen Gott, weil der Heilige Geist in ihnen die Sehnsucht ins Herz gelegt hat, so zu leben, wie Gott es will.

„Gott sei aber gedankt, dass ihr Knechte der Sünde gewesen seid, aber nun von Herzen gehorsam geworden der Gestalt der Lehre, der ihr ergeben seid." (Röm. 6,17)

Der wiedergeborene Mensch möchte nichts lieber, als den Willen Gottes umzusetzen. Paulus sagt: *„Denn ich habe Lust an Gottes Gesetz nach dem inwendigen Menschen."* (Röm. 7,22) Im Neuen Bund verspricht Gott, dass der Heilige Geist das göttliche Gesetz in Herz und Sinn schreiben wird (Heb. 8,8-10; 2. Kor. 3,3).

Der Neubekehrte spürt in sich aber auch einen anderen starken Wunsch: Der Versuchung nachzugeben und zu sündigen. Da nun Gottes Geist in ihm wirkt, wird er sich seiner sündhaften Wünsche erst richtig bewusst, die ihn vorher nicht weiter gestört hatten. So entdeckt der Christ, dass zwei „Wesen" in ihm um die Vorherrschaft kämpfen. Das eine macht ihm die Sünde schmackhaft, das andere möchte Gott gehorchen. In diesen heftigen Konflikt wird jeder Christ verwickelt. Paulus beschreibt das sehr bildhaft in Röm. 7,14-25:

„Denn wir wissen, dass das Gesetz geistlich ist; ich aber bin fleischlich, unter die Sünde verkauft. Denn ich weiß nicht, was ich tue. Denn ich tue nicht, was ich will; sondern was ich hasse, das tue ich. Wenn ich aber das tue, was ich nicht will, so gebe ich zu, dass das Gesetz gut ist. So tue nun nicht ich es, sondern die Sünde, die in mir wohnt. Denn ich weiß, dass in mir, das heißt in meinem Fleisch, nichts Gutes wohnt. Wollen habe ich wohl, aber das Gute vollbringen kann ich nicht. Denn das Gute, das ich will, das tue ich nicht; sondern das Böse, das ich nicht will, das tue ich. Wenn ich aber tue, was ich nicht will, so tue nicht ich es, sondern die Sünde, die in mir wohnt. So finde ich nun das Gesetz, dass mir, der ich das Gute tun will, das Böse anhängt. Denn ich habe Lust an Gottes Gesetz nach dem inwendigen Menschen. Ich sehe aber ein anderes Gesetz in meinen Gliedern, das widerstreitet dem Gesetz in meinem Gemüt und hält mich gefangen im Gesetz der Sünde, das in meinen Gliedern ist. Ich elender Mensch! Wer wird mich erlösen von diesem todverfallenen Leibe? Dank sei Gott durch Jesus Christus, unsern Herrn! So diene ich nun mit dem Gemüt dem Gesetz Gottes, aber mit dem Fleisch dem Gesetz der Sünde. "

Diesen Kampf, den Paulus so drastisch beschreibt, kennt jeder Christ nur zu gut. Wir erleben dieses Ringen oft Tag für Tag, Monat für Monat und Jahr für Jahr, doch nie können wir die Sünde überwinden, obwohl wir dies so gerne möchten. Jeder Christ ist sich bewusst, dass ein „Gesetz der Sünde" in ihm existiert, das im Widerstreit mit dem von Gott gegebenen Wunsch steht, seinem Gesetz zu gehorchen. Paulus freute sich über Gottes Gesetz und wollte ihm von ganzem Herzen gehorchen. Doch er stellte fest, dass er das nicht tun konnte. Seine sündhafte Natur versuchte ständig, ihn unter die vollständige Kontrolle der Sünde zu bringen, einen Sklaven von Gewohnheitssünden aus ihm zu

machen. Nachdem Paulus erkannt hatte, dass ihn die Macht der Sünde am Gehorsam hinderte, rief er verzweifelt aus:

„Ich elender Mensch! Wer wird mich erlösen von diesem todverfallenen Leibe?"

Aber dann merkte er, dass er doch aus dieser Sklaverei der Sünde befreit werden konnte:

„... durch Jesus Christus, unsern Herrn!" (Röm. 7,24.25)

In Römer 8,1-4 beschreibt Paulus, wie der innere Kampf des Gläubigen aufgelöst werden kann: Wir bitten Jesus Christus, dass er uns vom Gesetz der Sünde und des Todes befreit. Das ist der einzige Ausweg aus unserem Dilemma.

Mit anderen Worten, wir müssen Jesus erlauben, dass er durch den Heiligen Geist in uns lebt. Das ist es, was Paulus „im Geist wandeln" nennt. Im Brief an die Galater führt er dieses Thema weiter aus:

„Ich sage aber: Wandelt im Geist, und ihr werdet die Begierde des Fleisches nicht erfüllen. Denn das Fleisch begehrt gegen den Geist auf, der Geist aber gegen das Fleisch; denn diese sind einander entgegengesetzt, damit ihr nicht das tut, was ihr wollt." (Gal. 5,16.17 EB)

Paulus sagt, dass die gerechten Forderungen des Gesetzes in uns erfüllt werden, wenn Jesus durch den Heiligen Geist in uns lebt:

„Damit die Gerechtigkeit, vom Gesetz gefordert, in uns erfüllt würde, die wir nun nicht nach dem Fleisch leben, sondern nach dem Geist." (Röm. 8,4)

Gib uns die Weisheit und das nötige Verständnis, um dich über alles zu lieben und wertzuschätzen. Öffne unsere Augen, damit wir unseren sündigen Zustand sehen, aber auch deine große Gnade und Vergebungsbereitschaft. Lass uns die wunderbare Hoffnung verstehen, die wir in Jesus haben. Öffne unsere Augen, um deine große Kraft zu erkennen und daran zu glauben, dass sie uns zur Verfügung steht, um alles zu überwinden, was Satan in unser Leben bringt. Führe uns durch deine Macht zurück zu dir und schenke uns eine Erweckung.

Persönliche Gedanken und Gesprächshilfe

1. *Was unterscheidet einen Christen von einem Nichtchristen in seiner Einstellung zur Sünde?*

   _____

   _____

2. *Wie beschreibt Paulus den Kampf des Christen mit der Sünde und worin liegt die Lösung?*

   _____

   _____

3. *Was ist deine Erfahrung im persönlichen Kampf gegen die Sünde?*

   _____

   _____

Unsere Gebetszeit

- *Kontaktiere deinen Gebetspartner und besprich das Andachtsthema.*
- *Bete mit deinem Gebetspartner:*
  1. *Gott salbe das Leben eines jeden von uns täglich aufs Neue mit seinem Heiligen Geist.*
  2. *Gott belebe unser ganzes Wesen und seine Gemeinde.*
  3. *Gott möge uns darin leiten, dass wir praktische Erfahrungen machen und lernen, wie wir aufrichtig „mit Jesus leben" können, um unsere Sünden zu überwinden.*
  4. *für die Menschen auf deiner Gebetsliste.*

Schließt folgenden Vers in euer Gebet mit ein:
„Dass der Gott unseres Herrn Jesus Christus, der Vater der Herrlichkeit, euch gebe den Geist der Weisheit und der Offenbarung, ihn zu erkennen. Und er gebe euch erleuchtete Augen des Herzens, damit ihr erkennt, zu welcher Hoffnung ihr von ihm berufen seid, wie reich die Herrlichkeit seines Erbes für die Heiligen ist und wie überschwänglich groß seine Kraft an uns, die wir glauben, weil die Macht seiner Stärke bei uns wirksam wurde." (Eph. 1,17-19)

27. Tag

Die Macht der Sünde ist gebrochen

Das Evangelium Jesu Christi ist eine wirklich gute Nachricht. Denn am Kreuz wurde für alle, die Christus annehmen und an ihn glauben, die Macht ihrer sündigen Veranlagung gebrochen:

„Wir wissen ja, dass unser alter Mensch mit ihm gekreuzigt ist, damit der Leib der Sünde vernichtet werde, sodass wir hinfort der Sünde nicht dienen." (Röm. 6,6)

„So auch ihr, haltet euch dafür, dass ihr der Sünde gestorben seid, und lebt Gott in Christus Jesus." (Vers 11)

Als Jesus am Kreuz starb, wurde Satan das Recht entzogen, die Menschen aufgrund ihres Hangs zur Sünde zu beherrschen und zu unterjochen. Dies ist eine historische Tatsache, wird aber in einem Christenleben erst wahr, wenn wir daran glauben und diese Befreiung für uns persönlich annehmen.

Das bedeutet, dass deine Lieblosigkeit, deine Unversöhnlichkeit, dein Zorn, deine Begierden, deine Sorgen – die Liste könnte man endlos fortsetzen – am Kreuz gestorben sind. Dies ist eine wunderbare Nachricht! Sie besagt, dass du nicht mehr von deiner lieblosen Haltung, deinem Egoismus, deinem Groll usw. tyrannisiert wirst. Du musst auch nicht mehr sinnlichen Gedanken und Wünschen nachhängen. Der Einfluss dieser schlechten Wünsche, Einstellungen und Verhaltensweisen ist nun eingeschränkt. Sie können uns nicht mehr gegen unseren Willen beherrschen.

Leider ziehen die meisten Christen aus diesen Versen den Schluss, dass sie mit Gottes Hilfe immer vollkommen richtig handeln werden.

Nehmen wir zum Beispiel einen Christen, der sich schnell ärgert und dann wütend wird. Er glaubt, dass er durch den Tod Jesu am Kreuz nun nicht mehr durch seinen Jähzorn gesteuert wird. Er meint, er werde sich nie mehr ärgern müssen und nicht mehr über seinen eigenen, unbeherrschten Zorn erschrecken. Er fühlt sich endlich befreit und als Sieger über seinen Jähzorn.

Bald darauf geschieht etwas, was ihn ärgert. Vielleicht nimmt ihm einer die Vorfahrt oder ruft ihm eine Beleidigung zu. Augenblicklich steigt in ihm die Wut hoch. Er strengt sich an und will den Jähzorn unterdrücken. Aber er spürt, dass er trotzdem sehr wütend ist. Er will diese rot glühende Wut nicht, doch er fühlt sich ihr hilflos ausgeliefert.

> *Wir können unsere Anfechtungen und unsere Schuld nur dann besiegen, wenn wir Jesus gestatten, dass er sein siegreiches Leben in uns lebt.*

Nun fragt er sich: „Warum bin ich denn immer noch so schnell wütend? Wahrscheinlich habe ich nicht genug gebetet. Oder Gott hat mir nicht genügend Kraft geschenkt, damit ich meinen Zorn bezwingen kann."

So fleht er Gott an, er möge ihm seine Wutanfälle wegnehmen. Er bittet um die nötige Kraft, um den Jähzorn zu überwinden. Trotzdem rutscht er wieder in dasselbe Gleis, die alten Verhaltensmuster. Seine Sünden bedrängen ihn, holen ihn immer wieder ein. Er ist verwirrt, er fühlt sich als Versager. Wieder zweifelt er an seiner Aufrichtigkeit und empfindet keinen Frieden in seinem Glaubensleben.

Dabei ist es eine Tatsache, dass die Vorherrschaft Satans über unsere sündige Natur am Kreuz gebrochen wurde. Dies heißt aber nicht, dass wir weiterhin durch unsere eigenen Anstrengungen Gott gehorchen können. Vergessen wir niemals: Aus uns selbst heraus haben wir keine Möglichkeit, Gott zu gehorchen, obwohl am Kreuz ein für alle Mal die Vorherrschaft des Bösen überwunden wurde – und das gilt auch für den Einfluss der Sünde in unserem persönlichen Leben. Es reicht aber nicht, über diese Tatsache Bescheid zu wissen und daran zu glauben, dass es so ist. Es gibt nur einen Weg, um den ersehnten Sieg zu erlangen. Die Überwindung von Versuchung und Sünde wird in unserem Leben

nur geschehen, wenn wir der Wahrheit glauben, dass unsere Neigung zur Sünde tatsächlich gekreuzigt worden ist und wir nun Christus erlauben, dass er uns seinen Sieg schenkt. Wir müssen verstehen, dass wir unsere Anfechtungen und unsere Schuld nur besiegen können, wenn wir Jesus gestatten, dass er sein siegreiches Leben in uns lebt:

„Denn sie erkennen die Gerechtigkeit nicht, die Gottes ist, und trachten ihre eigene Gerechtigkeit aufzurichten, und sind so der Gerechtigkeit Gottes nicht untertan. Denn Christus ist des Gesetzes Ende; [das Telos = das Endziel des Gesetzes] *wer an den glaubt, der ist gerecht."* (Röm. 10,3.4)

„Denn Christus ist mein Leben, und Sterben ist mein Gewinn." (Phil. 1,21)

> *Erfülle uns mit deinem Heiligen Geist*
> *und stärke uns durch seine Macht,*
> *sodass wir allen Angriffen des Feindes widerstehen können.*
> *Erfülle uns mit deiner Liebe und öffne unsere Augen,*
> *damit wir Jesu Liebe begreifen und sie anderen*
> *durch unsere Worte und Taten bezeugen können.*

Persönliche Gedanken und Gesprächshilfe

1. *Was geschah am Kreuz hinsichtlich der Vorherrschaft Satans über uns und unserer Neigung zur Sünde? Bedeutet dies, dass wir Gott völlig gehorsam sein können, wenn wir dies wissen und daran glauben? Warum oder warum nicht?*

———————————————————————————

———————————————————————————

2. *Hast du Gott je darum gebeten, dass er dir eine besondere Sünde weg-nimmt, aber du immer noch damit kämpfst? Hattest du das Gefühl, du seiest kein Christ, weil sich gewisse Sünden immer wieder einstel-len? Wie sollen wir mit diesen Gefühlen umgehen?*

———————————————————————————

———————————————————————————

Unsere Gebetszeit

- *Kontaktiere deinen Gebetspartner und besprich das Andachtsthema.*
- *Bete mit deinem Gebetspartner:*
  1. *Gott möge jeden von uns weiterhin mit seinem Heiligen Geist erfüllen.*
  2. *Gott helfe uns, dass Jesus sein siegreiches Leben in und durch uns verwirklichen kann.*
  3. *für die Menschen auf deiner Gebetsliste.*

Schließt folgenden Vers in euer Gebet mit ein:
„Dass er euch Kraft gebe nach dem Reichtum seiner Herrlichkeit, stark zu werden durch seinen Geist an dem inwendigen Menschen, dass Christus durch den Glauben in euren Herzen wohne und ihr in der Liebe ein-gewurzelt und gegründet seid. So könnt ihr mit allen Heiligen begreifen, welches die Breite und die Länge und die Höhe und die Tiefe ist, auch die Liebe Christi erkennen, die alle Erkenntnis übertrifft, damit ihr erfüllt werdet mit der ganzen Gottesfülle." (Eph. 3,16-19)

28. Tag

Jesus gibt den Sieg

Möchtest du so leben, wie Gott es will? Und zwar nicht nur manchmal, sondern immer? Dazu ist es nötig, dass du zuerst einmal theoretisch erkennst, was es bedeutet, wenn du dir von Christus ein siegreiches Leben schenken lässt – und dann kommt die praktische Erfahrung dazu. In der heutigen Andacht möchte ich aufzeigen, wie du es zulassen kannst, dass Christus sein siegreiches Leben in dir lebt. Wenn du diese Wahrheit begreifst und erlebst, wird sich dein Glaubensleben für immer verändern. Gebrochene Versprechen und gelegentlicher Gehorsam sind dann für dich kein Thema mehr. Nach und nach wirst du durch das siegreiche Leben, das Jesus in dir verwirklicht, jede Versuchung und Sünde überwinden, die dir Satan in den Weg legt.

Ist es überhaupt möglich, Gott ständig zu gehorchen? Können wir wirklich über jede Versuchung und Sünde siegen? Genau dazu ruft uns Gott im Römerbrief auf (Röm. 6,6.11-14).

„Wir wissen ja, dass unser alter Mensch mit ihm gekreuzigt ist, damit der Leib der Sünde vernichtet werde, sodass wir hinfort der Sünde nicht dienen ..."

Ellen White stimmt diesem zu:

„Wer nicht ausreichend glaubt, dass Jesus ihn vom Sündigen abhalten kann, hat nicht den Glauben, der ihm den Zutritt in das Himmelreich gewährt." (Manuscript 161, 1897, S. 9)

Doch **wie** kann unser Christenleben auf Dauer siegreich sein? Die Antwort: Wir lassen das Siegesleben Jesu in uns wirksam werden. Diese Wahrheit wird durch die ganze Bibel gelehrt (Ps. 16,8; Jes. 26,3;

Joh. 15,4.5). Diese und auch weitere Texte weisen darauf hin, wie abhängig wir von Jesus und seinem wegweisenden Licht sind.

Jesu Sinn war mit reinen, heiligen und rechtschaffenen Gedanken erfüllt. Wenn wir ihn gebeten haben, durch die Erfüllung mit seinem Heiligen Geist in uns zu wohnen, wenn wir glauben, dass er dies tut, und wenn wir darauf vertrauen, dass er seine Liebe offenbaren wird – nämlich unseren Sinn mit seinen reinen, heiligen und rechtschaffenen Gedanken zu füllen – wird er das auch tun. Dies ist eine Frage des Glaubens – nicht daran zu zweifeln, dass Jesus sein Leben wirklich in uns offenbaren möchte. Diese Tatsache hatte Paulus begriffen und in Gal. 2,20 und Eph. 3,16.17 zum Ausdruck gebracht.

Glaube fest, und Jesus wird dir helfen. Bitte ihn darum, dass er mitten in der Versuchung seine Charaktereigenschaften in dir weckt, und zwar ganz konkret auf die Situation bezogen. Dies geschieht, wenn du täglich vom Heiligen Geist erfüllt wirst (Joh. 14,16-18; 1. Joh. 3,24).

Wenn Jesus in dir lebt, hast du seine Gesinnung:

„Wer kann die Gedanken des Herrn erkennen, oder wer könnte gar Gottes Ratgeber sein? Nun, wir haben den Geist Christi empfangen und können ihn verstehen." (1. Kor. 2,16 HA)

Wir tragen seine Liebe, Freude, seinen Frieden, seine Geduld, Freundlichkeit, Güte, Treue, Sanftmut, Selbstbeherrschung in unserem Denken und Fühlen – alles dies ist eine Frucht des Geistes (Gal. 5,22.23).

Wenn Jesus durch die Erfüllung mit seinem Heiligen Geist in unseren Herzen wohnt, lieben oder verabscheuen wir dasselbe wie er. Dann haben wir seine reinen Gedanken, seine vergebende Haltung – die Liste hat kein Ende. Alle seine Tugenden sind auch in uns, wenn Jesus in uns bleibt.

Wie kann der Christ diese Wahrheit anwenden? Ganz einfach. Beachte die nachfolgenden fünf Schritte, sobald dir eine Versuchung zur Sünde bewusst wird:

1. Entscheide dich, deine Gedanken sofort von der Versuchung abzuwenden:

„Weiter, liebe Brüder: Was wahrhaftig, was ehrbar, was gerecht, was rein, was liebenswert ist, was einen guten Ruf hat, sei es eine Tugend, sei es ein Lob - darauf seid bedacht!" (Phil. 4,8)

2. Glaube, dass deine Neigung zur Sünde, die dich vorher beherrscht hat, keine Kraft mehr hat.

3. Glaube, dass Jesus in dir lebt, und bitte ihn, seine Einstellung zu dieser konkreten Versuchung in dir sichtbar zu machen.

4. Glaube, dass sich Jesus in dieser Angelegenheit offenbaren wird, ruhe in diesem Glauben und kämpfe nicht gegen die Versuchung. Wenn wir gegen sie ankämpfen, konzentrieren wir uns auf die Versuchung und wollen ihr mit eigener Kraft widerstehen, anstatt auf Jesus zu sehen und ihm den Sieg zu überlassen: *„Darum auch wir: Weil wir eine solche Wolke von Zeugen um uns haben, lasst uns ablegen alles, was uns beschwert, und die Sünde, die uns ständig umstrickt, und lasst uns laufen mit Geduld in dem Kampf, der uns bestimmt ist, und aufsehen zu Jesus, dem Anfänger und Vollender des Glaubens, der, obwohl er hätte Freude haben können, das Kreuz erduldete und die Schande gering achtete und sich gesetzt hat zur Rechten des Thrones Gottes."* (Heb. 12,1.2)

5. Danke ihm für die Befreiung, die er dir eben geschenkt hat.

*Gib uns Einsicht, damit wir nie an deiner Macht zweifeln,
die uns vor Sünde bewahren kann.
Wir möchten auch nie deine Kraft und Stärke in Frage stellen,
die uns persönlich und als Gemeinde Erweckung schenkt
und die missionarische Einstellung in unserer Gemeinde
fördert. Stärke unseren Glauben daran,
dass die größte Macht in diesem Universum durch
den Heiligen Geist in uns lebt.*

Persönliche Gedanken und Gesprächshilfe

1. *Wie können wir gemäß der Bibel in Jesus bleiben? Nenne einige Bibelverse.*

   _____

   _____

2. *Welchen Segen und welche Vorteile haben wir, wenn der Heilige Geist in uns wohnt?*

   _____

   _____

3. *Durch welche Schritte erlaubst du Jesus, dir den Sieg über deine Versuchungen zu schenken?*

   _____

   _____

4. *Wie und wann willst du diese Wahrheit in deinem Leben umsetzen?*

   _____

   _____

Unsere Gebetszeit

- *Kontaktiere deinen Gebetspartner und besprich das Andachtsthema.*
- *Bete mit deinem Gebetspartner:*
  1. *dass Gott uns weiterhin mit seinem Heiligen Geist erfüllen möge.*
  2. *dass Gott eine Erweckung in uns persönlich und in seiner Gemeinde bewirkt.*
  3. *dass Gott uns durch Jesus den Sieg über unsere Versuchungen schenkt.*
  4. *für die Menschen auf deiner Gebetsliste.*

Schließt folgenden Vers in euer Gebet mit ein:
„Dem aber, der überschwänglich tun kann über alles hinaus, was wir bitten oder verstehen, nach der Kraft, die in uns wirkt." (Eph. 3,20)

29. Tag

Gerechtfertigt aus Glauben

Die Gerechtigkeit aus Glauben bedeutet nichts anderes, als dass wir auf Jesus schauen, damit er seine Gerechtigkeit und sein siegreiches Leben in uns sichtbar werden lässt. Gott möchte, dass wir den Sieg bei Christus suchen, nicht bei uns selber.

„Darum auch wir: Weil wir eine solche Wolke von Zeugen um uns haben, lasst uns ablegen alles, was uns beschwert, und die Sünde, die uns ständig umstrickt, und lasst uns laufen mit Geduld in dem Kampf, der uns bestimmt ist, und aufsehen zu Jesus, dem Anfänger und Vollender des Glaubens, der, obwohl er hätte Freude haben können, das Kreuz erduldete und die Schande gering achtete und sich gesetzt hat zur Rechten des Thrones Gottes." (Hebr. 12,1.2)

Dies ist wahre Glaubensgerechtigkeit und Gottes Wille für jeden Christen.

Oswald Chambers, ein bekannter christlicher Autor, hat diese wunderbare Wahrheit in der Andacht vom 23. Juli in seinem Buch: „Mein Äußerstes für sein Höchstes" folgendermaßen dargelegt:

„Durch ihn aber seid ihr in Christus Jesus, der uns von Gott gemacht ist zur ... Heiligung." (1. Kor. 1,30)

„Das wunderbare Geheimnis eines geheiligten Lebens besteht nicht darin, Christus nachzuahmen, sondern ihm zu erlauben, seinen vollkommenen Charakter in mir auszuleben und sichtbar zu machen. Heiligung ist „Christus in mir ..." (Kol. 1,27) Es ist sein wunderbares Leben, das mir durch die Heiligung verliehen wird – durch den Glauben wird es mir verliehen – als unübertreffliches Gnadengeschenk Gottes.

Bin ich willig, diese Heiligung durch Gott in mir geschehen zu lassen, so wahrhaftig, wie es in Gottes Wort steht?"

„Heiligung bedeutet, dass mir die heiligen Charaktereigenschaften Jesu Christi verliehen werden. Es ist ein Gnadengeschenk, dass Jesu Liebe, seine Heiligkeit, sein Glaube, seine Reinheit und sein göttliches Wesen in und durch jeden geheiligten Menschen sichtbar werden.

Heiligung bedeutet nicht, von Jesus Kraft zu beziehen, um heilig zu sein, sondern die Heiligkeit Jesu zu beanspruchen, die er besaß, damit sie nun durch ihn in mir zum Tragen kommt. Heiligung wird uns von Gott verliehen, es geht nicht darum, es ihm gleichzutun. Nachahmung ist etwas völlig anderes. Die absolute Vollkommenheit liegt in Jesus Christus, und das Geheimnis der Heiligung liegt darin, dass mir all seine vollkommenen Eigenschaften zur Verfügung stehen. Folglich beginne ich nach und nach, ‚durch Gottes Macht bewahrt' (1. Petr. 1,5), ein Leben in erstaunlicher Ordnung, Zuverlässigkeit und Heiligkeit zu leben."

> *Das wunderbare Geheimnis eines geheiligten Lebens besteht nicht darin, Christus nachzuahmen, sondern ihm zu erlauben, seinen vollkommenen Charakter in mir sichtbar zu machen.*

Kannst du die Schönheit dieser Wahrheit erkennen? Unsere Aufgabe ist es, im festen Glauben auf Jesus zu schauen und der Verheißung zu vertrauen, dass Christus und seine Gerechtigkeit in uns sichtbar werden. Unser Anteil daran ist die bewusste Entscheidung für dieses Angebot und das feste Vertrauen, dass dies wahr wird. Wenn uns schlechte Gedanken und Versuchungen bedrängen, sollen wir nicht dagegen ankämpfen. Wir sollen uns an Christus wenden und ihn bitten, dass sein vollkommenes Wesen in uns wahr wird (Hebr. 12,1.2). Dann müssen wir im Glauben warten und darauf vertrauen, dass er es tut.

Wenn Jesus in seiner Herrlichkeit wiederkommt, werden wir in seiner Gegenwart stehen können, ohne verzehrt zu werden. Dies hat Gott seinen Kindern versprochen, und das wird sich auch erfüllen, indem wir lernen, im Glauben auf Jesus zu schauen und auf die wunderbare Offenbarung seines Charakters in uns zu vertrauen:

„Dem aber, der euch vor dem Straucheln behüten kann und euch untadelig stellen kann vor das Angesicht seiner Herrlichkeit mit Freuden."
(Judas 24)

Unsere Beziehung zu dir gleicht manchmal einem ausgedörrten Land. Darum gieße deinen Heiligen Geist über uns aus. Bewirke in uns eine Erweckung und ein Wachstum in der Fülle Christi. Lass uns im Vertrauen auf dich so leben, wie du es für uns vorgesehen hast.

Persönliche Gedanken und Gesprächshilfe

1. *Was sagt die heutige Andacht über den Willen Gottes für jeden Christen?*

   _____

   _____

2. *Beschreibe mit eigenen Worten, was Oswald Chambers darüber sagt.*

   _____

   _____

3. *Wie möchtest du die Gerechtigkeit aus Glauben in deinem persönlichen Leben umsetzen?*

   _____

   _____

Unsere Gebetszeit

- *Kontaktiere deinen Gebetspartner und besprich das Andachtsthema.*
- *Bete mit deinem Gebetspartner:*
  1. *Gott möge fortfahren, jeden von uns weiterhin mit seinem Heiligen Geist zu erfüllen.*
  2. *Gott bewirke eine Erweckung in uns persönlich und in seiner Gemeinde.*
  3. *Gott helfe uns, die Gerechtigkeit allein aus Glauben an Jesus wirklich zu erfahren.*
  4. *für die Menschen auf deiner Gebetsliste.*

Schließt folgenden Vers in euer Gebet mit ein:
„*Denn ich will Wasser gießen auf das Durstige und Ströme auf das Dürre. Ich will meinen Geist auf deine Kinder gießen und meinen Segen auf deine Nachkommen, dass sie wachsen sollen wie Gras zwischen Wassern, wie die Weiden an den Wasserbächen.*" (Jes. 44,3.4)

30. Tag

Gottes Gebote und die enge Verbindung mit Christus

Den Geboten Gottes gehorchen und mit Christus ganz eng verbunden bleiben, das geht Hand in Hand. Keines von beiden ist ohne das andere möglich. Jesus sagte:

„Wenn ihr meine Gebote haltet, so bleibt ihr in meiner Liebe, wie ich meines Vaters Gebote halte und bleibe in seiner Liebe." (Joh. 15,10)

Jesus, der Heilige Geist und Gottes Gesetz sind nicht voneinander zu trennen. Wenn wir in Christus bleiben und er in uns, werden die Zehn Gebote zu einem wesentlichen Teil unseres Lebens, denn der Heilige Geist wird sie in unser Herz schreiben:

„Ist doch offenbar geworden, dass ihr ein Brief Christi seid, durch unsern Dienst zubereitet, geschrieben nicht mit Tinte, sondern mit dem Geist des lebendigen Gottes, nicht auf steinerne Tafeln, sondern auf fleischerne Tafeln, nämlich eure Herzen." (2. Kor. 3,3)

Immerhin hat Jesus selbst Mose die Zehn Gebote gegeben. Damals wurde er in der Bibel noch nicht mit seinem späteren Menschennamen „Jesus" tituliert. Gott hat sich Mose offenbart und überreichte ihm die Tafeln mit den Geboten und gab sich den Namen „ICH BIN" (2. Mo. 3,14). Nach seiner Menschwerdung beanspruchte Jesus diesen Titel für sich – er selbst war der „ICH BIN" des Alten Testamentes (Joh. 8,58).

In den Briefen des Apostels Paulus finden wir viele Texte, die die innere Einstellung und das Verhalten eines Christen kennzeichnen, der so lebt, wie Gott es will. Paulus gibt in Epheser 4, 22-32 sehr deutliche Anweisungen zum Thema Verhalten.

Warum geht die Bibel derart ausführlich auf das Verhalten, das Gott von uns erwartet, ein? Ganz einfach deshalb, weil wir genau wissen müssen, welche Einstellungen und Verhaltensweisen sich Gott von uns wünscht. Nur so können wir Versuchungen als solche erkennen und spüren, wo wir in der Gefahr stehen, falsch zu handeln. Kennen wir den Willen Gottes in diesem Bereich nicht, entscheiden wir uns auch nicht dafür, dass „Christus in mir" diesen konkreten Wesenszug in uns sichtbar machen kann. Wenn zum Beispiel einem gläubigen Christen Unrecht getan wird und er wüsste nicht, dass es falsch ist, den Zorn zu pflegen und die Wut zu füttern, dann würde er zum Gegenangriff übergehen und den anderen beleidigen. Er würde sich nicht von seinen zornigen Gedanken abwenden. Er würde sich nicht dafür entscheiden, die Sanftmut, Geduld und Gelassenheit Jesu in sich verwirklichen zu lassen, sondern im Groll verharren, bis dieser zur Bitterkeit angewachsen ist. Denn er ist sich seiner falschen Einstellung nicht bewusst. Somit wird er den Charakter Christi in einer solchen Lebenslage gar nicht widerspiegeln. Er hat dann noch nicht begonnen den Charakter Christi in sich in diesem Lebensbereich zu entwickeln.

Die Zehn Gebote sind außerdem untrennbar mit der Liebe verbunden. Jesus betonte dies ganz klar in allem, was er lehrte (Matth. 19,16-19; 22,35-40).

Der Apostel Paulus zeigte auf, dass ein Christ, der Gottes Gebote ernst nimmt, seinen Mitmenschen lieben wird:

„Seid niemandem etwas schuldig, außer dass ihr euch untereinander liebt; denn wer den andern liebt, der hat das Gesetz erfüllt. Denn was da gesagt ist ,Du sollst nicht ehebrechen; du sollst nicht töten; du sollst nicht stehlen; du sollst nicht begehren', und was da sonst an Geboten ist, das wird in diesem Wort zusammengefasst: ,Du sollst deinen Nächsten lieben wie dich selbst.' Die Liebe tut dem Nächsten nichts Böses. So ist nun die Liebe des Gesetzes Erfüllung." (Röm. 13,8-10)

Die ersten vier Gebote zeigen uns, wie die Liebe zu Gott ganz konkret aussieht. Die letzten sechs sagen uns, wie wir andere lieben können. Christus, der in uns bleibt, ist also nicht von den Zehn Geboten zu trennen, was sich in der Liebe zu den Mitmenschen zeigt und in eine Vertrauensbeziehung mit Jesus mündet. Du kannst nicht das eine ohne das andere haben. Johannes schrieb in seinem ersten Brief über diese enge Verbindung:

„Und daran merken wir, dass wir ihn kennen, wenn wir seine Gebote halten. Wer sagt: Ich kenne ihn, und hält seine Gebote nicht, der ist ein Lügner und in dem ist die Wahrheit nicht. Wer aber sein Wort hält, in dem ist wahrlich die Liebe Gottes vollkommen. Daran erkennen wir, dass wir in ihm sind. Wer sagt, dass er in ihm bleibt, der soll auch leben, wie er gelebt hat." (1. Joh. 2,3-6)

Johannes verknüpft unsere Beziehung zu Jesus sowie dessen Gebote und Liebe mit unserem Verbleib in ihm. Wenn wir treu in Jesus bleiben, so sagt er, wird unsere Art zu denken, zu fühlen, zu reden und zu handeln seinem Leben gleichen. Warum? Weil wir Jesus immer ähnlicher werden. Unser Charakter und unsere Liebe werden immer mehr dem Vorbild Jesu entsprechen. Wir werden die Zehn Gebote ausleben und dem Willen Gottes gehorchen.

Befreie uns von unserer Neigung,
deine Gebote zu missachten – schenke uns ein gehorsames Herz.
Schreibe deine Gebote in unsere Herzen,
damit wir dir und deinem Wort treu bleiben können.

Persönliche Gedanken und Gesprächshilfe

1. *Wie verband Jesus den Verbleib in ihm und die Liebe mit den Zehn Geboten?*

   _____

   _____

2. *Wohin schreibt Gott heute die Zehn Gebote und auf welche Weise?*

   _____

   _____

3. *Wie wirst du in dieser Woche die Lehre aus der heutigen Andacht in deinem Leben umsetzen?*

   _____

   _____

4. *Möchtest du den Heiligen Geist in deinem Leben und Dienst für den Herrn noch tiefer erfahren? Erzähle davon deinem Gebetspartner.*

   _____

   _____

Unsere Gebetszeit

- *Kontaktiere deinen Gebetspartner und besprich das Andachtsthema.*
- *Bete mit deinem Gebetspartner:*
  1. *Gott möge jeden von uns weiterhin mit seinem Heiligen Geist erfüllen.*
  2. *Gott möge eine Erweckung in uns persönlich und in seiner Gemeinde bewirken.*
  3. *Gott möge seine Zehn Gebote in unsere Herzen schreiben.*
  4. *für die Menschen auf deiner Gebetsliste.*

Schließt folgenden Vers in euer Gebet mit ein:
„Es ist Zeit, dass der HERR handelt; sie haben dein Gesetz zerbrochen."
(Ps. 119,126)

31. Tag

In Christus bleiben
und ihm dienen

Bevor Christen verstehen und erleben, was „Bleiben in Christus" und sein „Bleiben in uns" wirklich bedeutet, kann ihr Dienst für den Herrn zeitweise recht belastend sein, weil er mit Angst und Stress verknüpft sein kann. Sobald ein Christ jedoch das Geheimnis „Christus in uns" erlebt, ändert sich das: Der Dienst für den Meister wird zur Freude, Stress und Belastung haben sich aufgelöst.

Ellen White schreibt über den großen Frieden den Jesus empfand, als er auf dieser Erde wirkte. Sie schilderte sein Verhalten und seine Reaktion auf die Angst der Jünger, als sie im Schiff über den See fuhren und plötzlich ein Sturm über sie hereinbrach:

„Als Jesus geweckt wurde, um dem Sturm zu begegnen, bewies er vollkommene Ruhe und Sicherheit. Wort und Blick verrieten nicht eine Spur von Furcht; denn sein Herz war frei davon. Aber nicht etwa, weil er sich im Bewusstsein der göttlichen Allmacht so sicher fühlte, auch nicht als Herr der Erde, des Himmels und der Meere bewahrte er diese Ruhe; jene Macht hatte er niedergelegt, denn er sagte: ‚Ich kann nichts von mir selber tun.' (Joh. 5,30) Er vertraute aber der Macht seines Vaters; er ruhte im Glauben – im Glauben an die Liebe und Fürsorge Gottes. Die Macht des Wortes, die den Sturm stillte, war die Macht Gottes." (Das Leben Jesu, S. 326)

Dann fordert sie uns auf, dem Herrn in der gleichen Weise zu vertrauen:

„Wie Jesus sich im Glauben in der Liebe des Vaters geborgen fühlte, so sollen wir uns in der Fürsorge des Heilandes geborgen wissen. Hätten die Jünger dem Herrn vertraut, dann wären sie auch ruhig und sicher gewesen. Durch ihre Furcht in der Stunde der Gefahr bekundeten sie jedoch Unglauben. In ihrem Eifer, sich selbst zu retten, vergaßen sie Jesus. Erst als sie an sich selbst verzweifelten und sie sich an ihn wandten, konnte er ihnen helfen. Wie oft ist die Erfahrung der Jünger auch die unsrige! Wenn sich die Stürme der Versuchung über uns zusammenziehen, wenn grelle Blitze zucken und die Wogen der Verzweiflung über uns zusammenschlagen, kämpfen wir mit unserer Not allein, und wir vergessen, dass einer gegenwärtig ist, der uns helfen kann. Wir vertrauen unserer eigenen Kraft, bis uns alle Hoffnung verlässt und wir dem Verderben nahe sind. Dann erst denken wir an den Heiland, und wenn wir ihn im Glauben anrufen, wird es nicht vergebens sein … Wo wir auch sein mögen, auf dem Lande oder auf dem Meer: wir brauchen uns nicht zu fürchten, wenn wir Jesus im Herzen haben. Ein lebendiger Glaube an ihn wird das unruhige Meer des Lebens beruhigen und uns aus der Gefahr befreien in einer Weise, die ihm am besten erscheint." (Das Leben Jesu, S. 327)

Wenn Christus wirklich in uns wohnt und wenn wir in ihm ruhen, dann wird seine Gegenwart zur Realität. Unser Bleiben in ihm wird zur Tatsache, nicht eine bloße Theorie, und es wird zum Dauerzustand. Alle Angst, Sorge und Anspannung im Leben oder im Dienst werden vergehen. Unsere Pflichten werden uns nicht mehr belasten. Stattdessen sind wir ganz gelassen und ruhen in Jesus, spüren seine Gegenwart. Doch – wie Ellen White es sagt – müssen wir zuvor an uns selber zweifeln und wir müssen uns an Christus wenden.

Dann wird unser Bleiben in Christus zu einer so engen Beziehung mit ihm führen, wie er sie mit seinem Vater hatte. Dadurch konnte er sicher in Gott ruhen und darauf vertrauen, dass Gott durch ihn sprechen und wirken werde.

„Glaubst du nicht, dass ich im Vater bin und der Vater in mir? Die Worte, die ich zu euch rede, die rede ich nicht von mir selbst aus. Und der Vater, der in mir wohnt, der tut seine Werke." (Joh. 14,10)

> *Alle Angst, Sorge und Anspannung im Leben oder im Dienst werden vergehen.*

141

Herr, stärke unser Vertrauen zu dir,
damit wir uns nicht auf menschliche Ressourcen verlassen.
Gib uns viel, viel Segen!

Persönliche Gedanken und Gesprächshilfe

1. *War es für die Jünger unangemessen, Angst zu haben, während ihr Boot vom Sturm bedroht wurde? Warum oder warum nicht?*

   _____

   _____

2. *Wie reagierst du normalerweise, wenn Prüfungen, Versuchungen und Probleme über dich kommen?*

   _____

   _____

3. *Welche Reaktion wünscht sich Gott von dir in Schwierigkeiten und Prüfungen?*

   _____

   _____

4. *Wie wirst du in dieser Woche die heutige Andacht persönlich anwenden?*

   _____

   _____

Unsere Gebetszeit

- *Kontaktiere deinen Gebetspartner und besprich das Andachtsthema.*
- *Bete mit deinem Gebetspartner:*
  1. *Gott möge jeden von uns weiterhin mit seinem Hl. Geist erfüllen.*
  2. *Gott bewirke eine Erweckung in uns persönlich und in seiner Gemeinde.*
  3. *Gott erinnere uns daran, auf Jesus zu schauen und ihm zu vertrauen, wenn sich die nächste Möglichkeit ergibt, ihm zu dienen oder wenn Prüfungen auf uns zukommen.*
  4. *für die Menschen auf deiner Gebetsliste.*

Schließt folgenden Vers in euer Gebet mit ein:
„Schmecket und sehet, wie freundlich der HERR ist. Wohl dem, der auf ihn trauet!" (Ps. 34,9)

32. Tag

Die Sabbatruhe

Bereits im Schöpfungsbericht wurde das Evangelium verkündet. Dort lesen wir:

„So wurden vollendet Himmel und Erde mit ihrem ganzen Heer. Und so vollendete Gott am siebenten Tage seine Werke, die er machte, und ruhte am siebenten Tage von allen seinen Werken, die er gemacht hatte." (1. Mo. 2,1.2)

Diesen Versen entnehmen wir, dass Gott arbeitete und dann ruhte. Für Adam war die Situation gerade umgekehrt. Als Erstes durfte er in die Sabbatruhe eintreten, weil ja der Sabbat sein erster Lebenstag war. Erst nachdem er am siebten Tag in Gottes Ruhe hineingegangen war, hat er gearbeitet.

Die gleiche Reihenfolge entdecken wir auch im Erlösungsgeschehen. Durch Jesu sündloses Leben, seinen Tod und seine Auferstehung, vollendete Gott das Werk unserer Rettung. Wir dürfen das Erlösungswerk für uns persönlich erfahren, indem wir in dem ruhen, was Gott bereits für uns getan hat. Wir ruhen in der Gewissheit, dass Jesus für unsere Sünden gestorben ist und uns das ewige Leben als ein freies Geschenk gegeben hat. Wir ruhen in der Tatsache, dass Jesu Gerechtigkeit unsere Sünden bedeckt. Ebenso ruhen wir in der Wahrheit, dass die Vorherrschaft unserer Neigung zur Sünde am Kreuz gebrochen wurde. Dadurch sind wir befreit worden und können nun Gott dienen. Täglich ruhen wir in der Tatsache, dass Christus in uns lebt und sein Leben in und durch uns sichtbar machen wird, wenn wir es ihm einfach nur erlauben.

Sobald Gläubige durch diese Wahrheit Ruhe gefunden haben, sind sie dann auch fähig zu „arbeiten", oder anders gesagt, sie werden in ihrem Leben und Dienst für Gott treu und gehorsam sein. Diese Ruhe ist die Voraussetzung, damit wir Gott treu dienen können. Mit der „Ruhe" ist hier gemeint, dass wir im Glauben annehmen, was Gott für unsere Erlösung getan hat, und dass wir Christus vorbehaltlos vertrauen.

In Hebräer 4 finden wir ein ähnliches Konzept der Ruhe. Der Zusammenhang berichtet von Israels Wüstenwanderung. Das Volk ist damals nicht zu der Ruhe gelangt, die Gott ihnen versprochen hatte:

„Es ist also noch eine Ruhe vorhanden für das Volk Gottes. Denn wer zu Gottes Ruhe gekommen ist, der ruht auch von seinen Werken so wie Gott von den seinen. So lasst uns nun bemüht sein, zu dieser Ruhe zu kommen, damit nicht jemand zu Fall komme durch den gleichen Ungehorsam." (Heb. 4,9-11)

Gottes Wort schildert das Konzept des Ruhens unmissverständlich: Wenn wir in Gottes Ruhe kommen, geben wir unsere eigenen Anstrengungen auf. Dabei ist es für uns entscheidend, dass wir diese Ruhe auch anstreben. Denn sonst werden wir wegen unserem Mangel an Gottvertrauen Gott nicht wirklich gehorchen können. Wir werden scheitern.

> *Wir dürfen das Erlösungswerk für uns persönlich erfahren, indem wir in dem ruhen, was Gott bereits für uns getan hat.*

Es gibt nur einen einzigen Weg, Versuchung und Sünde zu überwinden: Wir müssen in der Tatsache ruhen, dass Christus mit uns eng verbunden ist. Und wir müssen ihm erlauben, sein Leben in und durch uns zu leben. Wer an diese Wahrheit glaubt, der kommt zur Ruhe. Er wird Gottes Erlösungswerk nicht blockieren, indem er sich selbst anstrengt und aus eigener Kraft gehorchen will. Es liegt an uns, ob wir dies glauben und uns dafür entscheiden, dass Christus in uns leben darf. Wir sollen in seinem vollendeten Erlösungswerk ruhen. Darin liegt auch die wahre Bedeutung der Sabbatruhe, die Gott selbst geschenkt hat und in die er uns hineinruft:

 **TAGE**

„Gedenke des Sabbattages, dass du ihn heiligest. Sechs Tage sollst du arbeiten und alle deine Werke tun. Aber am siebenten Tage ist der Sabbat des HERRN, deines Gottes. Da sollst du keine Arbeit tun, auch nicht dein Sohn, deine Tochter, dein Knecht, deine Magd, dein Vieh, auch nicht dein Fremdling, der in deiner Stadt lebt. Denn in sechs Tagen hat der HERR Himmel und Erde gemacht und das Meer und alles, was darinnen ist, und ruhte am siebenten Tage. Darum segnete der HERR den Sabbattag und heiligte ihn.“ (2. Mo. 20,8-11)

Unsere Aufgabe ist es, uns dafür zu entscheiden und daran zu glauben. Das bedeutet: wir übergeben uns rückhaltlos an Jesus.

Leite uns auf der Suche nach dir
und lass uns unsere bösen Wege und Gedanken aufgeben.
Bewirke in uns, dass wir uns von ganzem Herzen zu dir
wenden. Sei uns gnädig und vergib uns.
Hilf uns wahre Sabbatruhe zu erfahren,
so wie sie von dir gedacht ist.

Persönliche Gedanken und Gesprächshilfe

1. *Wie wird bereits in der Schöpfungsgeschichte das Evangelium verkündet?*

   _____

   _____

2. *In welchen Wahrheiten über Jesus sollen Christen ruhen?*

   _____

   _____

3. *Wie ist das „Ruhen in Jesus" mit einem gehorsamen Christenleben verbunden?*

   _____

   _____

4. *Welches ist die wahre Bedeutung der Sabbatruhe?*

   _____

   _____

Unsere Gebetszeit

- *Kontaktiere deinen Gebetspartner und besprich das Andachtsthema.*
- *Bete mit deinem Gebetspartner:*
  1. *Gott möge jeden von uns weiterhin mit seinem Hl. Geist erfüllen.*
  2. *Gott bewirke eine Erweckung in unserem Leben und in seiner Gemeinde.*
  3. *Gott möge uns in der wahren Bedeutung der Sabbatruhe leiten.*
  4. *für die Menschen auf deiner Gebetsliste.*

Schließt folgenden Vers in euer Gebet mit ein:
„Suchet den HERRN, solange er zu finden ist; ruft ihn an, solange er nahe ist. Der Gottlose lasse von seinem Wege und der Übeltäter von seinen Gedanken und bekehre sich zum HERRN, so wird er sich seiner erbarmen, und zu unserm Gott, denn bei ihm ist viel Vergebung."
(Jes. 55,6.7)

Fünfter Teil

Geisterfüllte Gemeinschaft

Irgendetwas fehlt

Das Erfülltsein mit dem Heiligen Geist ist für Christen eine unentbehrliche Erfahrung, wenn sie Jesus in seinem Leben und seinem Dienst ähnlich werden wollen. Als Folge dieser tiefen Beziehung zu Jesus, werden wir die größten Siege über unsere Sünden erringen und es wird sich eine neue Freundschaft mit Jesus entwickeln, die so innig ist, wie es überhaupt möglich ist.

Aber noch mehr: wir müssen auch begreifen, in welchem Verhältnis die Erfüllung mit dem Heiligen Geist zur echten Gemeinschaft unter Christen steht. Und wir müssen eine solche lebendige Gemeinschaft auch erleben. Auch wenn ich selbst vom Heiligen Geist erfüllt bin, werde ich dennoch nicht so wachsen wie Gott es sich wünscht, wenn ich nicht in einer sinnvollen Interaktion mit anderen geisterfüllten Menschen lebe. Bin ich selbst vom Geist Gottes erfüllt, lebe aber unabhängig und isoliert von anderen geisterfüllten Menschen, blockiere ich durch diese Alleingänge nicht nur mein geistliches Wachstum – ich riskiere auch den Verlust der Fülle des Geistes.

Bibelorientierte Gemeinden, auch wir Siebenten-Tags-Adventisten, tendieren zu einem Glauben, der stark auf die verstandesmäßige Argumentation aufbaut. Wir kennen viele wichtige biblische Lehren. In unseren evangelistischen Bemühungen legen wir den Schwerpunkt auf Lehren, die uns von anderen unterscheiden. Aufgrund dieser Unterscheidungslehren entschließen sich viele Menschen für eine Gemeindezugehörigkeit.

Mich beunruhigt, dass wir als Adventisten im Allgemeinen zuwenig Gemeinschaft untereinander pflegen. Wir sind eher eine Gruppe von individuellen Gläubigen.

Wer Siebenten-Tags-Adventist werden möchte, muss zunächst eine innere Unabhängigkeit besitzen. Denn der Sabbat, für den man sich dann entscheidet, sondert uns von der Mehrheit der Christenheit ab.

Ich habe oft die Beschreibung über die Gläubigen nach Pfingsten gelesen:

„Sie blieben aber beständig in der Lehre der Apostel und in der Gemeinschaft und im Brotbrechen und im Gebet." (Apg. 2,42)

Schon klar: wenn es um die Lehre geht, kann man uns als Gemeinde nichts ans Zeug flicken. Doch im freundschaftlichen Umgang miteinander tun wir uns eher schwer. Ich habe beobachtet, dass die meisten Adventisten fleißig arbeiten, damit ihre Familie gut versorgt ist. Und sie bemühen sich, den Gottesdienst am Sabbatmorgen zu besuchen. Die meisten unserer Gottesdienste sind eher etwas formal. Nur wenig Zeit wird für Interaktionen eingeräumt, die unsere Gemeinschaft

> *Die Gemeinschaft reduziert sich meist auf einen herzlichen Gruss am Anfang, und einen Händedruck am Ende des Gottesdienstes.*

fördern. Daher reduzieren sich die Begegnungen meist auf einen herzlichen Gruss am Anfang und einen Händedruck am Ende des Gottesdienstes. Dann gehen alle nach Hause und treffen erst am nächsten Sabbat wieder zusammen. In vielen Gemeinden gibt es eine Gebetsstunde mitten in der Woche, mit einem biblischen Thema, das der Prediger vorbereitet hat und mit anschließender Gebetszeit. Allerdings finden die wenigsten dafür Zeit. Oder sie sind abends zu müde, um an solchen Veranstaltungen teilzunehmen.

Immer wieder habe ich gespürt, dass die Gemeinschaft in unserer STA-Gemeinde eine größere Rolle spielen sollte. Die nächsten sieben Andachten werden aufzeigen, warum geisterfüllte Christen eine enge Verbundenheit untereinander pflegen müssen, wenn sie in die „Fülle Christi" wachsen wollen, damit sie auf Jesu Wiederkunft vorbereitet sind.

 **TAGE**

*Habe Erbarmen mit uns
und befreie uns von unserer Neigung zur Sünde.
Erneuere uns zu inneren Stärke und hilf uns,
gleichgesinnte Christen zu finden,
mit denen wir Gemeinschaft pflegen können,
damit wir uns gemeinsam
auf dein Kommen vorbereiten.*

Persönliche Gedanken und Gesprächshilfe

1. *Was war für die ersten Christen typisch? (Apg. 2,42)*

   _____

   _____

2. *Überlege, wie viel echte Gemeinschaft du zur Zeit mit deinen Glaubensgeschwistern pflegst oder bereits erlebst!*

   _____

   _____

3. *Warum ist christliche Gemeinschaft nötig, damit wir für Jesu Wiederkunft vorbereitet sind? Welche Vorteile bringt es dem Gläubigen?*

   _____

   _____

4. *Wie wichtig ist Gemeinschaftspflege für die Vorbereitung auf Jesu Wiederkunft?*

   _____

   _____

Unsere Gebetszeit

- *Kontaktiere deinen Gebetspartner und besprich das Andachtsthema.*
- *Bete mit deinem Gebetspartner:*
  1. *Gott möge jeden von uns weiterhin mit seinem Hl. Geist erfüllen.*
  2. *Gott bewirke eine Erweckung in unserem Leben und in seiner Gemeinde.*
  3. *Gott helfe uns zu verstehen, warum christliche Gemeinschaft so wichtig ist.*
  4. *für die Menschen auf deiner Gebetsliste.*

Schließt folgenden Vers in euer Gebet mit ein:
„Denn es sollen wohl Berge weichen und Hügel hinfallen, aber meine Gnade soll nicht von dir weichen, und der Bund meines Friedens soll nicht hinfallen, spricht der HERR, dein Erbarmer." (Jes. 54,10)

34. Tag

Die Gemeinschaft der ersten Christen

Ich persönlich glaube, dass der Herr sein Volk dazu bewegen möchte, mehr darauf zu schauen, wie die ersten Christen gelebt haben. Bereits seit vielen Jahren betrachten sich Siebenten-Tags-Adventisten als Gottes Gemeinde der Übrigen. Wir bemühen uns, nicht von dem abzuweichen, was Gottes Wort lehrt, so wie es die ersten Gläubigen auch taten. Allerdings glaube ich, dass der Herr uns heute nicht nur aufruft „in der Lehre der Apostel" zu bleiben, sondern auch „in der Gemeinschaft und im Brotbrechen und im Gebet" (Apg. 2,42). Gott ermahnt seine Kinder, als sein Volk der Übrigen so zu leben wie damals die Gemeinde zur Zeit des Neuen Testamentes. Und dies nicht nur in den Glaubensgrundsätzen, sondern auch in der Verbundenheit untereinander. Gemeinschaft ist ein typisches Kennzeichen, das Gottes Volk „der Übrigen" charakterisiert. Diesen Aspekt wollen wir bedenken, während wir die Ur-Gemeinde näher betrachten.

In der Apostelgeschichte lesen wir, dass die ersten Christen sich täglich trafen, im Tempel wie auch in Privathäusern:

„Und sie waren täglich einmütig beieinander im Tempel und brachen das Brot hier und dort in den Häusern, hielten die Mahlzeiten mit Freude und lauterem Herzen." (Apg. 2,46)

Als die Christen im Tempel nicht mehr erwünscht waren, versammelten sie sich vor allem in ihren Heimen. Dort hielten sie ihre Gottesdienste und pflegten Gemeinschaft. Nun war das Heim der Gläubigen der Ort, an dem sie Gott lobten, Freundschaft pflegten und Gottes Wort studierten. Viele Bibelstellen erwähnen, dass sich die Christen in den Heimen versammelten:

(Apg. 20,20; Röm. 16,5, 1. Kor. 1,16; 1. Kor. 16,19; Kol. 4,15).

Die folgenden Texte sollen ihre Gemeinschaft untereinander deutlich machen:

„Und als sie hineinkamen, stiegen sie hinauf in das Obergemach des Hauses, wo sie sich aufzuhalten pflegten: Petrus, Johannes, Jakobus und Andreas, Philippus und Thomas, Bartholomäus und Matthäus, Jakobus, der Sohn des Alphäus, und Simon der Zelot und Judas, der Sohn des Jakobus." (Apg. 1,13)

„Und eine gottesfürchtige Frau mit Namen Lydia, eine Purpurhändlerin aus der Stadt Thyatira, hörte zu; der tat der Herr das Herz auf, so dass sie darauf achthatte, was von Paulus geredet wurde. Als sie aber mit ihrem Hause getauft war, bat sie uns und sprach: Wenn ihr anerkennt, dass ich an den Herrn glaube, so kommt in mein Haus und bleibt da. Und sie nötigte uns." (Apg. 16,14.15)

„Aber die Juden eiferten sich und holten sich einige üble Männer aus dem Pöbel, rotteten sich zusammen und richteten einen Aufruhr in der Stadt an und zogen vor das Haus Jasons und suchten sie, um sie vor das Volk zu führen. Sie fanden sie aber nicht. Da schleiften sie Jason und einige Brüder vor die Oberen der Stadt und schrien: Diese, die den ganzen Weltkreis erregen, sind jetzt auch hierhergekommen; die beherbergt Jason. Und diese alle handeln gegen des Kaisers Gebote und sagen, ein anderer sei König, nämlich Jesus. So brachten sie das Volk auf und die Oberen der Stadt, die das hörten. Und erst nachdem ihnen von Jason und den andern Bürgschaft geleistet war, liessen sie sie frei." (Apg. 17,5-9)

Natürlich hatten die Apostel begriffen, wie wichtig kleine Hauskreise sind. 3 ½ Jahre lang hatten sie mit Jesus auf diese Art Andacht gehalten und Gemeinschaft gepflegt. Wir können gut verstehen, dass es für sie selbstverständlich war, das Zusammensein in solch kleinen Gruppen zu pflegen. Das blieb auch so, als später Hunderte und Tausende Jesus als Herrn akzeptierten. Die Struktur von Hauskreisen bildete eine wesentliche Erleichterung bei der Organisation der Gemeinde. Dadurch konnten die vielen Neubekehrten gut integriert werden:

„Und lobten Gott und fanden Wohlwollen beim ganzen Volk. Der Herr aber fügte täglich zur Gemeinde hinzu, die gerettet wurden." (Apg. 2,47)

Für das Wachstum der Gemeinde waren diese kleinen Hausgemeinschaften sehr nützlich. Es wurde geschätzt, dass im dritten Jahrhundert etwa 6 Millionen Christen im römischen Reich lebten.

Die kleinen Hausgemeinden trugen entscheidend zum Wachstum der christlichen Gemeinde bei. Neue Glieder wuchsen schnell in die Gemeinde hinein. Außerdem wurden durch diese Klein-Gruppen nicht nur die einzelnen Glieder gestärkt; die Hauskreise waren auf ganz natürliche Weise auch missionarisch aktiv. Sogar in Zeiten schwerer Verfolgung konnte die christliche Gemeinde durch die Hauskreise weiter wachsen. Außerdem mussten sich die Gruppen durch den starken Zuwachs immer wieder neu aufteilen und „Ableger" bilden – eine neue Gruppe in einem anderen Heim. Kleine Gruppen ermöglichen eine enge, vertraute Gemeinschaft und eine herzliche Beziehung unter den Teilnehmern. Wir können uns besser gegenseitig Mut machen und gegenseitig stärken. Wir Menschen sind so geschaffen, dass wir gemeinsam viel mehr ertragen können als wenn jeder auf sich allein gestellt wäre.

Heute brauchen wir Christen die Kraft ganz nötig, die aus einer engen vertrauten Gemeinschaft entsteht, wie es bei den ersten Christen üblich war. Gott sagte bereits am Anfang der Gechichte: *„Es ist nicht gut, dass der Mensch allein sei."* (1. Mo. 2,18) Genauso schädlich ist es für uns als Christen, wenn wir dem Einfluss des Bösen und den satanischen Mächten alleine widerstehen wollen.

Lass uns immer mit dir im Gebet verbunden sein,
damit wir neu belebt werden
und dir auch als deine Gemeinde die Ehre geben können.

Persönliche Gedanken und Gesprächshilfe

1. *Wo pflegten die ersten Christen Gemeinschaft und warum?*

   _____

   _____

2. *Welches sind die Vorteile von Hauskreis-Gemeinschaften?*

   _____

   _____

3. *Denkst du, dass einmal eine Zeit kommt, wo solche Gruppen zu einer Notwendigkeit werden? Warum oder warum nicht?*

   _____

   _____

4. *Möchtest du zu einem kleinen geisterfüllten Hauskreis gehören? Wenn ja, welche Schritte kannst du unternehmen?*

   _____

   _____

Unsere Gebetszeit

- *Kontaktiere deinen Gebetspartner und besprich das Andachtsthema.*
- *Bete mit deinem Gebetspartner:*
  1. *Gott möge jeden von uns auch in Zukunft mit seinem Heiligen Geist erfüllen.*
  2. *Gott bewirke eine Erweckung in unserem Leben und in seiner Gemeinde.*
  3. *Gott helfe uns, ein Teil einer Kleingruppe zu werden.*
  4. *für die Menschen auf deiner Gebetsliste.*

Schließt folgenden Vers in euer Gebet mit ein:
„*O Jerusalem, ich habe Wächter über deine Mauern bestellt, die den ganzen Tag und die ganze Nacht nicht mehr schweigen sollen. Die ihr den HERRN erinnern sollt, ohne euch Ruhe zu gönnen, lasst ihm keine Ruhe, bis er Jerusalem wieder aufrichte und es setze zum Lobpreis auf Erden!*" (Jes. 62,6.7)

Die Erfüllung mit dem Heiligen Geist und die Kleingruppen

Kleingruppen und die Erfüllung mit dem Heiligen Geist gehören zusammen. Beides ist für Christen unerlässlich, wenn sie in den Reichtum hineinwachsen wollen, den Christus zu bieten hat. Die Christen im Kern der Gruppe müssen unbedingt mit dem Heiligen Geist erfüllt sein, damit die gesamte Gruppe so funktioniert, wie Gott es beabsichtigt. Die Geschichte Jesu mit seinen Jüngern veranschaulicht uns dies sehr deutlich. Seine zwölf Anhänger lebten 3 ½ Jahre miteinander, ihre Beziehung war sehr eng und sehr persönlich. Trotzdem erfahren wir, dass sie immer wieder miteinander zankten, und dies auch noch auf dem Weg zum Abendmahl, kurz bevor Jesus verhaftet und schließlich gekreuzigt wurde:

„Es erhob sich auch ein Streit unter ihnen, wer von ihnen als der Größte gelten solle." (Luk. 22,24)

Die Jünger hatten in diesen Jahren noch nicht völlig gelernt, was es heißt, in liebevoller und vertrauter Gemeinschaft mit Gott und untereinander zu leben. Einfach zu einem Hauskreis zu gehören, den Jesus leitete, reichte noch nicht aus, um sie entscheidend zu verändern und sie in all das hineinwachsen zu lassen, was Christus anbietet. Doch etwas später merken wir, dass sich diese Jünger grundlegend verändert hatten. Wie kam es zu dieser Verwandlung?

Die Ausgießung des Heiligen Geistes zu Pfingsten bewirkte den Unterschied. Seit jenem Tag und auch weiterhin bildeten die Jünger – und der erweiterte Kreis – eine echte Gemeinschaft. Und das wünscht sich Gott für alle Gläubigen:

„Sie blieben aber beständig in der Lehre der Apostel und in der Gemeinschaft und im Brotbrechen und im Gebet." (Apg. 2,42)

„Und sie waren täglich einmütig beieinander im Tempel und brachen das Brot hier und dort in den Häusern, hielten die Mahlzeiten mit Freude und lauterem Herzen und lobten Gott und fanden Wohlwollen beim ganzen Volk. Der Herr aber fügte täglich zur Gemeinde hinzu, die gerettet wurden." (Verse 46.47)

Diese urchristliche Gemeinschaft kann an einem normalen Sabbatmorgen Gottesdienst nicht zustande kommen, denn es fehlen die notwendigen zwischenmenschlichen Beziehungen, die unter geister-erfüllten Menschen aufgebaut werden müssen. Der einzige Weg, auf dem wir eine tiefe Verbundenheit erleben können, sind kleine Hauskreise. Das macht den traditionellen Gottesdienst am Sabbatmorgen ja nicht unwichtig. Doch er reicht nicht aus.

Die Bedeutung von Kleingruppen, in denen geisterfüllte Christen zusammenkommen, möchte ich an zwei Beispielen deutlich machen. Paulus gibt uns in 1. Kor. 12 eine Illustration von der notwendigen Interaktion zwischen den Gemeindegliedern. Er vergleicht die Gemeinde und ihre Glieder mit dem menschlichen Körper. Er zeigt auf, wie wichtig die Funktion jedes Körperteils für den gesamten Körper ist. Geisterfüllte Gläubige brauchen einander. Sie müssen sich gegenseitig unterstützen wie das Herz, die rechte Hand, die Augen usw. den anderen Teilen ihres Körpers dienen. Dieses Bild macht deutlich, wie lebenswichtig es für alle Körperteile ist, dass sie in enger und lebendiger Verbindung zu den anderen Gliedern stehen. Im übertragenen Sinn sind es die Hauskreise, die es den geisterfüllten Gläubigen ermöglichen, in enger, dynamischer Verbindung mit der Gemeinde zu bleiben. Hier können sich die Gemeindeglieder gegenseitig dienen:

„In einem jeden offenbart sich der Geist zum Nutzen aller; dem einen wird durch den Geist gegeben, von der Weisheit zu reden; dem andern wird gegeben, von der Erkenntnis zu reden, nach demselben Geist; einem andern Glaube, in demselben Geist; einem andern die Gabe, gesund zu machen, in dem einen Geist; einem andern die Kraft, Wunder zu tun; einem andern prophetische Rede; einem andern die Gabe, die Geister zu unterscheiden; einem andern mancherlei Zungenrede; einem andern die Gabe, sie auszulegen. Dies alles aber wirkt derselbe eine Geist und teilt

einem jeden das Seine zu, wie er will. Denn wie der Leib einer ist und doch viele Glieder hat, alle Glieder des Leibes aber, obwohl sie viele sind, doch ein Leib sind: so auch Christus." (1. Kor. 12,7-12)

Ebenso hat Paulus in Epheser 4,11-16 über den Leib Christi gesprochen.

Die Bedeutung kleiner Hauskreise wird durch ein zweites Bild deutlich. Stell dir ein Lagerfeuer vor. Du sitzt davor und schaust zu, wie die Kohle brennt. Damit das Feuer nicht ausgeht, müssen die Kohlenstücke immer wieder zusammengeschoben werden. Ab und zu müssen wir neues Holz auflegen. Wo ein Glutnest am Rand liegt, weit weg vom Zentrum des Feuers, erlöscht es bald. Dieses Bild zeigt, wie wichtig enge Kontakte unter den Christen sind. Damit das Feuer im Leben von geisterfüllten Christen nicht aufhört zu brennen, müssen wir nicht nur fortwährend um den Heiligen Geist bitten (Eph. 5,18), sondern auch beständig die Gemeinschaft mit anderen geisterfüllten Menschen pflegen.

> *Mein sündiger Zustand hat mich sehr geschwächt.*
> *Befreie mich von meiner Schuld*
> *und gib mir geistliche Kraft, wie du es verheißen hast.*
> *Lass mich ein aktives Glied*
> *deiner Gemeinschaft der Gläubigen sein.*

Persönliche Gedanken und Gesprächshilfe

1. *Welche Verbindung besteht zwischen geisterfülltem Leben und Kleingruppen?*

   _____

   _____

2. *Genügte es den Jüngern, 3 1/2 Jahre mit Jesus zu leben, damit sie so eng miteinander verbunden waren, wie er es sich für sie wünschte? Warum oder warum nicht?*

   _____

   _____

3. *Empfindest du eine christliche Gemeinschaft als wichtig für dein geistliches Leben? Warum?*

   _____

   _____

Unsere Gebetszeit

- *Kontaktiere deinen Gebetspartner und besprich das Andachtsthema.*
- *Bete mit deinem Gebetspartner:*
  1. *Gott möge jeden von uns auch fernerhin mit seinem Heiligen Geist erfüllen.*
  2. *Gott bewirke eine Erweckung in unserem Leben und in seiner Gemeinde.*
  3. *Gott segne unsere Bemühungen, in einer Kleingruppe integriert zu sein.*
  4. *für die Menschen auf deiner Gebetsliste.*

Schließt folgenden Vers in euer Gebet mit ein:
„Ich gräme mich, dass mir die Seele verschmachtet; stärke mich nach deinem Wort." (Ps. 119,28)

36. Tag

Die Gemeinde

D as griechische Wort, das im Neuen Testament für Gemeinde verwendet wird, heißt *„Ekklesia"*, was so viel bedeutet wie „die Herausgerufenen". Wenn Menschen auf den Ruf des Heiligen Gottes reagieren und Jesus als ihren Erlöser annehmen, werden sie zu einem Teil der Ekklesia und somit zu Herausgerufenen.

Durch das Studium des Neuen Testaments entdecken wir, dass die christliche Gemeinde von zweierlei gekennzeichnet ist:

1. Sie sind dazu gerufen, den Lehren der Bibel zu glauben.

Paulus beschreibt die Gemeinde mit diesen Worten:

„Aber falls sich mein Besuch noch hinauszögern sollte, weißt du nun, wie man sich im Haus Gottes, in seiner Gemeinde, zu verhalten hat. Die Gemeinde des lebendigen Gottes ist der tragende Pfeiler und das Fundament der Wahrheit." (1. Tim. 3,15)

Paulus bezeichnet die Gemeinde als „tragenden Pfeiler und das Fundament der Wahrheit".

Die Herausgerufenen sollen der Wahrheit glauben und sind beauftragt, diese auszuleben und andere zu lehren.

2. Sie sind zur Gemeinschaft untereinander gerufen.

Johannes erwähnt diesen wichtigen Punkt in seinem ersten Brief:

„Was wir gesehen und gehört haben, das verkündigen wir auch euch, damit auch ihr mit uns Gemeinschaft habt; und unsere Gemeinschaft ist mit dem Vater und mit seinem Sohn Jesus Christus." (1. Joh. 1,3)

Dieses zweite Kennzeichen einer Gemeinde, vom Neuen Testament als „Gemeinschaft" bezeichnet, ist kein neues Konzept.

Auf den ersten Blick betrachtet, pflegen wir Gemeinschaft, wenn wir am Sabbat in den Gottesdienst kommen oder an geselligen Zusammenkünften teilnehmen. Doch tatsächlich bedeutet das Konzept der biblischen Gemeinschaft viel, viel mehr.

Das griechische Wort für Gemeinschaft heißt „*Koinonia*". Das Hauptwort meint: teilen, teilnehmen, aktiv beteiligt sein. Die Verbform bedeutet kommunizieren, verbreiten und etwas weitergeben. Daher ist „*Koinonia*" viel mehr als nur im Gottesdienst zusammen in der Kirchenbank zu sitzen oder an einem geselligen Treffen miteinander zu spielen. Die neutestamentliche Gemeinschaft hat eine viel tiefere Bedeutung: wir sollen einander dienen. Dazu gehört mehr, als nur den Namen des Mitbruders zu kennen oder zu wissen, wo Schwester XY wohnt. Koinonia ist mehr als ein herzlicher Gruß am Sabbatmorgen im Foyer der Gemeinde. In Wirklichkeit bedeutet es, dass wir einander Anteil geben an unseren Hoffnungen, Träumen, Kämpfen. Wir erzählen anderen von unserem Kummer. Dadurch kann Gott uns als seine Werkzeuge gebrauchen und wir dienen uns gegenseitig. Echte Gemeinschaft in der Gemeinde definiert das Neue Testament so: Eine Versammlung von Einzelnen, die Gott aus der Welt herausgerufen hat, damit sie eine Gemeinschaft werden – auf der Basis des gemeinsamen biblischen Glaubens. Sie kommunizieren aktiv untereinander, sie nehmen Anteil aneinander, sie reden über ihre Erfahrungen und Anliegen und dienen sich gegenseitig.

> *Gemeinschaft bedeutet, dass wir einander Anteil geben an unseren Hoffnungen, Träumen, Kämpfen. Dadurch kann Gott uns als seine Werkzeuge gebrauchen, um einander zu dienen.*

Wenn Christen nicht zu einer solchen Gemeinschaft zusammenfinden, dann verfehlen sie Gottes Plan für seine Gemeinde um „Lichtjahre"! Wir können den Sabbat halten und den Gottesdienst besuchen – doch wenn wir eine solche *„Koinonia"*-Gemeinschaft nicht pflegen, sind wir lange nicht die Gemeinde, die Gott sich wünscht.

*Bewirke in uns, dass wir dich
aus ganzem Herzen fürchten und ehren.
Halte alles von uns fern,
was unserem geistlichen Wohl schadet,
und hilf uns,
wahre geistliche Gemeinschaft untereinander zu pflegen.*

Persönliche Gedanken und Gesprächshilfe

1. *Was bedeutet das Wort „Gemeinde" im Neuen Testament?*

_____

_____

2. *Welches sind im Neuen Testament die zwei wichtigen Aspekte einer christlichen Gemeinde?*

_____

_____

3. *Was bedeutet es, in einer „Koinonia"-Gemeinschaft mit anderen zu sein?*

_____

_____

4. *Bist du in einer „Koinonia"-Gemeinschaft beteiligt? Wenn ja, welches sind deine Erfahrungen in dieser Art freundschaftlicher Verbindung? Wenn nein, würdest du gerne diese Form von Gemeinschaft pflegen?*

_____

_____

Unsere Gebetszeit

- *Kontaktiere deinen Gebetspartner und besprich das Andachtsthema.*
- *Bete mit deinem Gebetspartner:*
  1. *Gott möge jeden von uns immer mehr mit seinem Hl. Geist erfüllen.*
  2. *Gott bewirke eine Erweckung in unserem Leben und in seiner Gemeinde.*
  3. *Gott segne unsere Bemühungen, Teil einer „Koinonia-Gemeinschaft" zu werden. Wenn ihr bereits einem Hauskreis angehört, dann segne er euer Zusammensein.*
  4. *für die Menschen auf deiner Gebetsliste.*

Schließt folgenden Vers in euer Gebet mit ein:
„Fürchtet den HERRN, ihr seine Heiligen! Denn die ihn fürchten, haben keinen Mangel." (Ps. 34,10)

37. Tag

Die Familie Gottes

Die Sünde hat Gottes Familie zerstört. Doch durch den Plan zur Erlösung wird die Einheit der Gemeindefamilie wiederhergestellt. Paulus schreibt folgendes an die Menschen, die den Ruf Gottes in ihrem Leben gehört haben:

„So seid ihr nun nicht mehr Gäste und Fremdlinge, sondern Mitbürger der Heiligen und Gottes Hausgenossen." (Eph. 2,19)

Das griechische Wort für den Ausdruck „Hausgenossen" heißt „oikeios". Wenn wir an Jesus Christus glauben und ihn als persönlichen Erlöser annehmen, dann werden wir seine „Hausgenossen" und damit auch Glieder seiner Familie.

Normalerweise stellt man sich die Gemeinde größer vor, eher im Sinne einer Kirche. Wir tendieren selten dazu, die Gemeinde als kleine Familie zu sehen. Ein Blick in die Geschichte und in die Bibel zeigt jedoch, dass sich die frühe Gemeinde aus kleinen Hausgemeinschaften zusammensetzte, in der wie in einer Familie jeder Hauskreis seine Funktion erfüllte.

Als Paulus sein eigenes Empfinden über Gottes Gemeindefamilie in Thessalonich beschrieb, erwähnte er auch die wünschenswerten freundschaftlichen Bindungen innerhalb dieser Familie Gottes:

„So hatten wir Herzenslust an euch und waren bereit, euch nicht allein am Evangelium Gottes teilzugeben, sondern auch an unserm Leben; denn wir hatten euch liebgewonnen." (1. Thess. 2,8)

In einer großen Kirche kann eine solch attraktive und liebevolle Beziehung untereinander gar nicht entstehen. Das gilt um so mehr, wenn sich die kirchlichen Aktivitäten auf den Gottesdienst am

Sabbatmorgen beschränken. Wenn wir nur unsere Freunde begrüßen und dann wieder heimgehen, können wir unmöglich die Qualität einer familiären Gemeinschaft erreichen. Stell dir eine Familie vor, in der die einzelnen Familienmitglieder voneinander getrennt leben. Sie kommen einmal pro Woche für ein bis zwei Stunden zusammen, begrüßen sich kurz, sitzen dann brav nebeneinander in den Kirchenbänken und hören bei einer Ansprache zu. Anschließend geht jeder seiner

> *In einer liebevollen Familie sind die Familienmitglieder füreinander da; sie machen sich Mut durch Wort und Tat.*

Wege. Und nach sieben Tagen wird diese „Gemeinsamkeit" wieder gepflegt: wir begrüßen uns, wir sitzen nebeneinander, wir hören eine weitere Rede. Was denkst du über den Zusammenhalt in einer solchen Familie? Du fragst wahrscheinlich, ob diese Menschen wirklich zu einer Familie gehören. Zumindest ziehst du den Schluss, dass diese Art Familienleben noch stark optimierbar wäre. Traurig, aber wahr: die meisten Christen versuchen in diesem Stil „Gemeindefamilie" zu sein.

In einer gesunden Familie kennen sich die Familienmitglieder persönlich. Jeder weiß, wie es dem anderen gerade geht. Wir kennen die Ängste, die Hoffnungen und Träume der anderen. Wir wissen auch über ihren Frust Bescheid und nehmen Anteil an ihren Konflikten. In einer liebevollen und fürsorglichen Familie sind die Familienmitglieder füreinander da; sie machen sich Mut durch Wort und Tat.

So sollte auch die Familie Gottes funktionieren. Allerdings hat eine Gemeindefamilie, die von Gott gesegnet ist, einen entscheidenden Vorteil gegenüber einer normalen weltlichen Familie: Gottes Familie kann erleben, wie die Frucht und die Gaben des Geistes in ihrer Mitte zum Tragen kommen. Der Herr selber kümmert sich um die einzelnen Familienmitglieder. Er tut dies durch jedes Glied, indem er es immer wieder mit seinem Geist erfüllt. Die enge Verbindung mit Gott, die durch das Erfülltwerden mit dem Heilligen Geist entsteht, erlaubt es Jesus, in jedem Gläubigen zu leben und durch ihn zu wirken. Doch solch eine intensive Gemeinschaft kann nur in einer kleinen Gemeinschaft wachsen.

40 TAGE

Mache uns zu deinem rechtschaffenen und untadeligen Volk,
das sich von jedem bösen Weg abwendet.
Befreie uns von allen Heimsuchungen Satans,
die er über uns bringen will.

Persönliche Gedanken und Gesprächshilfe

1. *Welche Art von Beziehung plante Gott ursprünglich für seine Kinder? Was hat die Sünde mit Gottes Plan gemacht?*

   _____

   _____

2. *Welche Bedeutung hat der Erlösungsplan für Gottes zerbrochene Familie?*

   _____

   _____

3. *Welche Art von Beziehungen sollten die Gemeindeglieder nach Gottes Wunsch untereinander pflegen?*

   _____

   _____

4. *Welche Einrichtung kann diesem Ziel am besten dienen?*

   _____

   _____

Unsere Gebetszeit

- *Kontaktiere deinen Gebetspartner und besprich das Andachtsthema.*
- *Bete mit deinem Gebetspartner:*
  1. *Gott möge jeden von uns immer wieder mit seinem Heiligen Geist erfüllen.*
  2. *Gott bewirke eine Erweckung in unserem Leben und in seiner Gemeinde.*
  3. *Gott schenke uns die Erfahrung, in einer wahren Gemeindefamilie zu leben, die seinem Plan entspricht.*
  4. *für die Menschen auf deiner Gebetsliste.*

Schließt folgenden Vers in euer Gebet mit ein:
„Der Gerechte muss viel erleiden, aber aus alledem hilft ihm der HERR."
(Ps. 34,20)

38. Tag

Gemeinschaft und die Frucht des Geistes

Zwei wesentliche Elemente machen einen christlichen Hauskreis zum Erfolg:

1. die Frucht des Geistes und
2. die Gaben des Geistes,

die sich im Wesen, im Denken und Fühlen, im Reden und Handeln der Mitglieder zeigen. Es gibt nur einen Weg, wie dies geschehen kann: Die Teilnehmer müssen vom Heiligen Geist erfüllt sein.

In der heutigen Andacht wollen wir betrachten, was für eine Rolle die Frucht des Geistes in einer Gemeinschaft spielt. Wenn diese Geistesfrucht fehlt und nicht im Wesen und in der Lebenspraxis der Mitglieder reift, werden sie weder den vollen Segen ihres Hauskreises erfahren, noch den nötigen Charakter entfalten. Sie können einander nicht wirklich dienen.

Die Frucht des Geistes wird von Paulus im Galaterbrief aufgelistet:

„Die Frucht aber des Geistes ist Liebe, Freude, Friede, Geduld, Freundlichkeit, Güte, Treue, Sanftmut, Keuschheit. Gegen all dies ist das Gesetz nicht." (Gal. 5,22.23)

Liebe wird als erste Frucht genannt. Hier steht das griechische Wort „Agape", die höchste Form der Liebe. Es ist diese Art von Liebe, mit der Gott uns liebt, weil er nur das Beste für uns möchte. Jesus beschrieb diese Liebe in Lukas 6,27.28: *„Liebet eure Feinde; tut wohl denen, die euch hassen; segnet, die euch fluchen; bittet für die, so euch beleidigen."* Paulus hatte die Agape-Liebe in 1. Korinther 13,4-7 beschrieben:

„Die Liebe ist langmütig und freundlich, die Liebe eifert nicht, die Liebe treibt nicht Mutwillen, sie bläht sich nicht auf, sie verhält sich nicht ungehörig, sie sucht nicht das Ihre, sie lässt sich nicht erbittern, sie rechnet

das Böse nicht zu, sie freut sich nicht über die Ungerechtigkeit, sie freut sich aber an der Wahrheit; sie erträgt alles, sie glaubt alles, sie hofft alles, sie duldet alles." (1. Kor. 13,4-7)

Die Frucht der Liebe bewirkt, dass die Mitglieder im Hauskreis mit Verständnis und Feingefühl aufeinander zugehen. Ihr Beispiel wirkt ausgleichend, wenn harte Worte fallen oder unterschiedliche Meinungen aufeinanderprallen. Auch wird niemand eine verurteilende Haltung einnehmen, wenn ein Mitglied der Gruppe von seinen persönlichen Kämpfen berichtet. Vielmehr wird die Liebe in ihnen Mitgefühl wecken. Sie werden dem Geplagten ihre Hände reichen und Worte finden, die Mut machen, heilen und befreien.

> *Gott liebt uns durch andere Menschen. Genauso will Gott durch geisterfüllte Christen seine Liebe allen anderen offenbaren, die zu einem Hauskreis-Treffen kommen, ob sie nun Christen sind oder nicht.*

Jede Geistesfrucht, die in der Liste von Paulus vorkommt, spielt eine ähnlich wichtige Rolle. Nur so kann eine gute Stimmung in der Gruppe herrschen, nur so kann dieser Hauskreis nach dem Plan Gottes funktionieren.

Doch wenn die Teilnehmer nicht mit dem Heiligen Geist erfüllt sind, können diese Wesenszüge nicht in ihnen deutlich werden, die Frucht des Geistes kann dann nicht wachsen:

„Und er hat einige als Apostel eingesetzt, einige als Propheten, einige als Evangelisten, einige als Hirten und Lehrer, damit die Heiligen zugerüstet werden zum Werk des Dienstes. Dadurch soll der Leib Christi erbaut werden, bis wir alle hingelangen zur Einheit des Glaubens und der Erkenntnis des Sohnes Gottes, zum vollendeten Mann, zum vollen Maß der Fülle Christi, damit wir nicht mehr unmündig seien und uns von jedem Wind einer Lehre bewegen und umhertreiben lassen durch trügerisches Spiel der Menschen, mit dem sie uns arglistig verführen. Lasst uns aber wahrhaftig sein in der Liebe und wachsen in allen Stücken zu dem hin, der das Haupt ist, Christus, von dem aus der ganze Leib zusammengefügt ist und ein Glied am andern hängt durch alle Gelenke, wodurch jedes Glied das andere unterstützt nach dem Maß seiner Kraft und macht, dass der Leib wächst und sich selbst aufbaut in der Liebe." (Eph. 4,11-16)

Die Frucht des Geistes, die sich im Leben des Gläubigen nur durch die Erfüllung mit dem Heiligen Geist zeigt, muss im Leben der Kern-Mitglieder eines Hauskreises vorhanden sein. Diese Frucht bringt den Charakter Christi in die Gruppe. Gott liebt uns durch andere Menschen. Genauso will Gott durch geisterfüllte Christen seine Liebe allen anderen offenbaren, die zu einem Hauskreis-Treffen kommen, ob sie nun Christen sind oder nicht.

Verherrliche deinen Namen in unseren Gruppen, in unserer Gemeinde und auf der ganzen Welt, indem wir die Lasten des anderen tragen.

Persönliche Gedanken und Gesprächshilfe

1. *Was braucht jedes Hauskreismitglied, damit sich die Frucht des Geistes offenbart?*

   _____

   _____

2. *Was ist die Frucht des Geistes und inwiefern ist jede einzelne eine Segnung für die anderen?*

   _____

   _____

3. *Wie planst du, Mitglied solch einer Gruppe zu werden?*

   _____

   _____

Unsere Gebetszeit

- *Kontaktiere deinen Gebetspartner und besprich das Andachtsthema.*
- *Bete mit deinem Gebetspartner:*
   1. *Gott möge nie aufhören, jeden von uns mit seinem Heiligen Geist zu erfüllen.*
   2. *die Frucht des Geistes möge in unserem Leben offenbar werden und Gott möge uns in eine solche – von seinem Geist erfüllte – Gruppe führen*
   3. *für die Menschen auf deiner Gebetsliste.*

Schließt folgenden Vers in euer Gebet mit ein:
„Einer trage des andern Last, so werdet ihr das Gesetz Christi erfüllen." (Gal. 6,2)

39. Tag

Gemeinschaft
und die Gaben des Geistes

Ein weiteres notwendiges Element einer erfolgreichen Kleingruppe ist der Einsatz der Gaben, die der Heilige Geist schenkt. Da sich die geistlichen Gaben in Menschen zeigen, die von Gottes Geist erfüllt sind, sollten die Teilnehmer der Gruppe vom Heiligen Geist erfüllt sein.

Einige Kapitel im Neuen Testament erzählen über die geistlichen Gaben. Die wichtigsten Texte über dieses Thema finden wir in den Briefen des Apostels Paulus:

„Denn wie wir an einem Leib viele Glieder haben, aber nicht alle Glieder dieselbe Aufgabe haben, so sind wir viele ein Leib in Christus, aber untereinander ist einer des anderen Glied, und haben verschiedene Gaben nach der Gnade, die uns gegeben ist. Ist jemandem prophetische Rede gegeben, so übe er sie dem Glauben gemäß. Ist jemandem ein Amt gegeben, so diene er. Ist jemandem Lehre gegeben, so lehre er. Ist jemandem Ermahnung gegeben, so ermahne er. Gibt jemand, so gebe er mit lauterem Sinn. Steht jemand der Gemeinde vor, so sei er sorgfältig. Übt jemand Barmherzigkeit, so tue er's gern." (Röm. 12,4-8)

„In einem jeden offenbart sich der Geist zum Nutzen aller; dem einen wird durch den Geist gegeben, von der Weisheit zu reden; dem andern wird gegeben, von der Erkenntnis zu reden, nach demselben Geist; einem andern Glaube, in demselben Geist; einem andern die Gabe, gesund zu machen, in dem einen Geist; einem andern die Kraft, Wunder zu tun; einem andern prophetische Rede; einem andern die Gabe, die Geister zu unterscheiden; einem andern mancherlei Zungenrede; einem andern die Gabe, sie auszulegen. Dies alles aber wirkt

derselbe eine Geist und teilt einem jeden das Seine zu, wie er will. Denn wie der Leib einer ist und doch viele Glieder hat, alle Glieder des Leibes aber, obwohl sie viele sind, doch ein Leib sind: so auch Christus." (1. Kor. 12,7-12)

„Einem jeden aber von uns ist die Gnade gegeben nach dem Maß der Gabe Christi. Darum heißt es: ‚Er ist aufgefahren zur Höhe und hat Gefangene mit sich geführt und hat den Menschen Gaben gegeben' ... Und er hat einige als Apostel eingesetzt, einige als Propheten, einige als Evangelisten, einige als Hirten und Lehrer." (Eph. 4,7-11)

Diese Gaben spielen für das geistliche Wachstum des einzelnen Gläubigen und für die Weiterentwicklung der ganzen Gemeinde eine entscheidende Rolle. Paulus gebraucht das Bild des menschlichen Körpers und zählt einige Körperteile auf. Er betont, wie wichtig jedes einzelne Glied ist, damit der ganze Körper funktionstüchtig bleibt. Daraus ergibt sich eine klare Schlussfolgerung: Jeder Körperteil muss seine Aufgabe erfüllen, damit der Körper gesund und leistungsfähig bleibt (1. Kor. 12,14-22).

Paulus führt aus, *„dass die Glieder in gleicher Weise füreinander sorgen sollen"* (Vers 25).

Wenn die Geistesgaben in der Gemeinde gedeihen, erweisen sie sich als großer Segen für jedes Glied am „Leib Christi".

In der Beschreibung des Apostels Paulus wird deutlich, dass die Geistesgaben unentbehrlich sind, wenn die einzelnen Glieder und die Gesamtgemeinde wachsen sollen. Paulus weist klar auf eine echte christliche Gemeinschaft hin, wenn er sagt, dass sie „in gleicher Weise füreinander sorgen sollen". Wir müssen unsere Mitgeschwister gut kennen, damit wir tiefes Mitgefühl empfinden. Wir müssen uns frei fühlen, unsere tiefsten Bedürfnisse, Kämpfe, Hoffnungen und Träume miteinander zu teilen, wenn wir einander dienen wollen. Paulus spricht von der Bedeutung der gegenseitigen Hilfe, wenn er schreibt:

„Einer trage des andern Last, so werdet ihr das Gesetz Christi erfüllen." (Gal. 6,2)

Dieser Gemeinschaftsgeist kann sich kaum in einem herkömmlichen Gottesdienst entfalten.

Wenn wir uns nur am Sabbatmorgen mit unseren Glaubensgeschwistern treffen und sich unsere Gemeinschaft auf eine herzliche

TAGE

Begrüßung beschränkt, werden wir keine echte Gemeinschaft nach biblischem Vorbild entwickeln.

Die geistlichen Gaben werden für alle in der Gemeinschaft in ganz praktischer Weise ein Segen sein. Ein Beispiel: Die neutestamentliche Gabe des Lehrens beschreibt jemanden, der andere im Studium des Wortes Gottes anleitet. Es liegt auf der Hand, wie wichtig diese Gabe in einer Gruppe ist. Die Gabe des Lehrens, die diesen Zweck erfüllt, wird ein großer Segen für alle Anwesenden sein. Die Lektionen werden meistens mit kurzen Bibeltexten ergänzt; langatmige Ausführungen werden vermieden. Der Schwerpunkt liegt weniger auf der Theorie, sondern mehr auf der persönlichen praktischen Anwendung der Bibeltexte. Und diese werden einen unmittelbaren Bezug zu den Problemen haben, die in der Gruppe aufkommen.

Ein weiteres Beispiel ist die Gabe der Ermunterung. Wenn jemand diese Gabe besitzt, wird er von Gott gebraucht. Er wird anderen Mut machen, Hoffnung vermitteln, sie trösten und ihnen beistehen. Das gilt vor allem für jene Gruppenteilnehmer, die leiden und mit großen Schwierigkeiten zu kämpfen haben. Diese Gabe bringt den Mitgliedern der Gruppe ganz praktische und aufbauende biblische Ratschläge. Wenn solche geistliche Gaben in einer christlichen Gruppe in Erscheinung treten, wird Gottes Geist dadurch allen Teilnehmern die Liebe und Fürsorge Gottes übermitteln.

Wecke in uns die Sehnsucht nach Gemeinschaft, damit wir dich gemeinsam ernsthaft und innig im Gebet suchen.
Verherrliche deinen Namen durch uns, damit andere sehen können, dass du mit uns bist.
Habe Mitleid und Erbarmen mit uns und erwecke uns in jeder Weise, damit wir als dein Volk gedeihen und wachsen.

Persönliche Gedanken und Gesprächshilfe

1. *Was braucht jedes Gruppenmitglied, damit sich die Gaben des Geistes offenbaren können?*

   _____

   _____

2. *Nenne einige Geistesgaben und beschreibe, wie Gott eine jede gebrauchen möchte, um allen in der Hauskreisgemeinschaft zu dienen.*

   _____

   _____

3. *Hast du schon erfahren, dass Gott durch deine geistlichen Gaben andere segnen konnte? Wenn ja, durch welche?*

   _____

   _____

Unsere Gebetszeit

- *Kontaktiere deinen Gebetspartner und besprich das Andachtsthema.*
- *Bete mit deinem Gebetspartner:*
  1. *Gott möge jeden von uns auch in Zukunft mit seinem Heiligen Geist erfüllen.*
  2. *Gott möge eine Erweckung in unserem Leben und in seiner Gemeinde bewirken.*
  3. *Gott helfe uns, dass wir anderen durch unsere Geistesgaben dienen können.*
  4. *für die Menschen auf deiner Gebetsliste.*

Schließt folgenden Vers in euer Gebet mit ein:
„Denn auch der Leib ist nicht ein Glied, sondern viele. Nun aber hat Gott die Glieder eingesetzt, ein jedes von ihnen im Leib, so wie er gewollt hat." (1. Kor. 12,14.18)

40. Tag

Kleingruppen und Gemeindewachstum

Die Gemeinschaft von Gläubigen in Kleingruppen wird eine wichtige Rolle spielen, um eine gottgewollte Wiederherstellung auf geistlicher, seelischer und körperlicher Ebene in uns zu bewirken.

Wachstum sollte und muss das Ziel jedes christlichen Hauskreises sein. Wenn die Gruppe kein Wachstum aufweist, funktioniert sie nicht in der Weise, wie Gott es beabsichtigt. Vergessen wir nicht, dass uns die Erfüllung mit dem Heiligen Geist sowohl für ein persönliches Wachstum als auch für die Verbreitung des Evangeliums geschenkt wird:

„Aber ihr werdet die Kraft des Heiligen Geistes empfangen, der auf euch kommen wird, und werdet meine Zeugen sein in Jerusalem und in ganz Judäa und Samarien und bis an das Ende der Erde." (Apg. 1,8)

Daher sollten auch Ungläubige oder Menschen, die nicht Gemeindeglieder sind, in unseren Gruppen anwesend sein.

Für unser persönliches geistliches Wachstum ist es ganz wesentlich, dass wir mitbeteiligt sind, um andere für Christus zu gewinnen. Wenn Gott sagt: *„Seid fruchtbar und mehret euch"* (1. Mo. 1,28), dann müssen wir selber diese Anordnung befolgen. Gott hätte seine Engel für die Seelengewinnung beauftragen können, was er aber nicht getan hat. Warum? Weil er weiß, wie bedeutsam es für jeden von uns ist, dass wir uns persönlich einbringen, um andere für Christus zu gewinnen.

Ellen White machte diesbezüglich eine deutliche Aussage:

„Gehst du an die Arbeit, wie ein Jünger Christi es tun soll, um andere Menschen für ihn zu gewinnen, dann wirst du die Notwendigkeit einer tieferen Erfahrung und größeren Erkenntnis in göttlichen Dingen einsehen, und es wird dich hungern und dürsten nach der

Gerechtigkeit. Du wirst in Gott dringen, dein Glaube wird gestärkt werden, und dein Herz wird sich an dem Brunnen des Heils laben. Prüfungen und Kämpfe werden dich zum Worte Gottes und zum Gebet treiben. Auch wirst du in der Gnade und Erkenntnis Jesu Christi wachsen und reiche Erfahrungen sammeln." (Der Weg zu Christus, S. 58)

Die Unterstützung, die wir durch eine Kleingruppe erhalten, wird in unseren Bemühungen, andere für Christus zu erreichen, eine wichtige Rolle spielen. Die Mitglieder der Gruppe werden im Gebet für diejenigen eintreten, die wir zu erreichen suchen. Ebenso werden die Ratschläge derjenigen, die in der Seelengewinnung mehr Erfahrung haben, zu einem großen Segen für uns werden. Die geistlichen Väter und Mütter der Gruppe will Gott benutzen, um den weniger Erfahrenen beizustehen, damit sie andere zu Christus führen können.

Die Kleingruppen bieten ein wunderbares Umfeld für jene, die Gott suchen, denn sie werden dort liebende, fürsorgliche Menschen finden, die sie so annehmen, wie sie sind. Suchende werden sich in einer Umgebung wiederfinden, in der Gottes Geist mächtig für ihre Bekehrung zu Christus wirken kann. Wir lesen in der Apostelgeschichte, dass die Gemeinde immer mehr wuchs, als sich die ersten Christen in Kleingruppen versammelten:

„Und sie waren täglich einmütig beieinander im Tempel und brachen das Brot hier und dort in den Häusern, hielten die Mahlzeiten mit Freude und lauterem Herzen und lobten Gott und fanden Wohlwollen beim ganzen Volk. Der Herr aber fügte täglich zur Gemeinde hinzu, die gerettet wurden." (Apg. 2,46.47)

Gott wird für alle anwesenden Hauskreisteilnehmer sorgen, ob sie nun gläubig sind oder nicht. Dies wird er durch die Frucht und die Gaben des Geistes tun. Durch die Einrichtung einer Kleingruppe werden die herkömmlichen, unpersönlichen missionarischen Anstrengungen völlig verändert. Es wird ganz anders als bei der gewohnten Art sein, wo Leute auf eine Einladung hin, die sie per Mail erhalten hatten, zu einem evangelistischen Vortrag kamen. Das Wesen einer kleinen Gemeinschaft ist innig, vertraut und fördert die zwischenmenschlichen Beziehungen. Wenn Ungläubige mit dem Christentum und neuen biblischen Wahrheiten in diesem Rahmen in Berührung kommen,

treten sie in eine Umgebung ein, die ihnen den persönlichen Kontakt mit den Mitgliedern der Gruppe ermöglicht. Dort befinden sie sich in einer rettenden Umgebung, die sie in ihrem persönlichen geistlichen Wachstum leitet.

Lenke unsere Bitten, wenn wir um die Ausgießung des Frühregens des Heiligen Geistes in unserem Leben flehen wie auch um den verheißenen Spätregen.
Die Gaben deines Geistes mögen sich durch uns offenbaren.
Gebrauche uns, um deinen Namen zu verherrlichen.
Offenbare deine Macht in unserer Mitte und in unserer Gemeinde, damit viele dich als ihren Gott und Erretter kennenlernen können.

Persönliche Gedanken und Gesprächshilfe

1. *Was sind die zwei Ziele einer aufrichtigen christlichen Kleingruppe?*

   _____

   _____

2. *Mache Vorschläge, wie eine Kleingruppe Menschen außerhalb des Kreises für Christus gewinnen kann?*

   _____

   _____

3. *Was sind deine Absichten, wenn es darum geht, Mitglied einer wachsenden Kleingruppe zu werden und sich von Gott benutzen zu lassen, um den Glauben mit anderen zu teilen?*

   _____

   _____

Unsere Gebetszeit

- *Kontaktiere deinen Gebetspartner und besprich das Andachtsthema.*
- *Bete mit deinem Gebetspartner:*
  1. *Gott möge jeden von uns immer wieder neu mit seinem Heiligen Geist erfüllen.*
  2. *Gott möge eine Erweckung in unserem Leben und in seiner Gemeinde bewirken.*
  3. *Gott helfe uns, Teil einer wachsenden Kleingruppe zu werden, um von ihm gebraucht zu werden, andere zu Jesus zu führen.*
  4. *für die Menschen auf deiner Gebetsliste.*

Schließt folgenden Vers in euer Gebet mit ein:
„Und nach diesem will ich meinen Geist ausgießen über alles Fleisch, und eure Söhne und Töchter sollen weissagen, eure Alten sollen Träume haben, und eure Jünglinge sollen Gesichte sehen." (Joel 3,1)

Anregungen für die Zeit
nach den 40 Gebetstagen

Ich denke, dass du wertvolle Impulse für dein Glaubensleben in diesen 40 Tagen erhalten hast. Ganz sicher möchtest du diese Erfahrung mit unserem Herrn und die Gemeinschaft, die du erlebt hast, nicht verblassen lassen. Das führt zu der Frage: Was kann ich oder sollte ich jetzt unternehmen?

Eine Möglichkeit ist es, durch Wiederholung zu vertiefen. Die 40 Andachten in diesem Buch beruhen auf fünf Taschenbüchern (etwa á 100 Seiten), die der Autor über den Heiligen Geist geschrieben hat. Im amerikanischen Orginal wird empfohlen, nach den 40 Tagen diese Bücher zu studieren. Diese stehen in Deutsch leider nicht zur Verfügung. Daher wollen wir einen anderen wichtigen Gedanken einbringen.

Pädagogische Forschung hat gezeigt, dass es nötig ist, ein solch entscheidendes Thema für unser Leben sechs- bis zehnmal zu lesen oder zu hören, ehe man es gründlich begriffen hat. Daher empfehlen wir das 40 Tage Andachtsbuch Nr. 1 oder Nr. 2 entsprechend der persönlichen Entscheidung noch mehrmals zu lesen oder auch zu irgendeinem Zeitpunkt nochmal mit deinem Partner oder Gruppe durchzugehen. Vielleicht möchtest du auch andere einladen sich dir und deiner Gruppe anzuschließen. Dies gibt unserem Herrn Gelegenheit deine Erfahrung der letzten 40 Tage zu stärken. Solltest du, dein Partner und deine Gruppe es vorziehen andere Unterlagen zu studieren, dann gibt es auf den folgenden Seiten sehr gute Angebote.

Ein weiterer Vorschlag ist, bete weiter für die 5 Personen auf deiner Gebetsliste und pflege den Kontakt zu ihnen. Vielleicht möchtest du auch noch jemand deiner Liste hinzufügen, so wie der Herr dich führt. Als Gruppe oder Gemeinde wäre es gut, besondere Gelegenheiten zu schaffen, um diese Personen einzuladen.

Jesus wünscht sich, dass im Leben eines jeden Christen Gebet und Bibelstudium, sowie Bemühungen um die Rettung anderer Menschen ein fester Bestandteil wird.

Möge unser Herr dich reichlich segnen in deinem weiteren Glaubensleben und in deinen Bemühungen um andere Menschen.

Buch *1*

Preise:
Paperback,
14 x 21 cm, 192 S.

40 Tage – Andachten und Gebete

... zur Vorbereitung auf die Wiederkunft Jesu

Wünschst du dir ein erfülltes Bibelstudium und Gebetsleben? Möchtest du andere Menschen zu Christus führen?

Wenn ja, bist du hier genau richtig!
Die 40 Andachten in diesem Buch wurden erarbeitet, um deine persönliche Freundschaft mit Jesus zu stärken. Sie wollen dir auch helfen, deine Mitmenschen für Christus zu gewinnen.

Gott möchte auch in deinem Leben etwas Außergewöhnliches tun. Er sehnt sich nicht nur nach einer engeren Beziehung zu dir – er möchte durch dich auch anderen näherkommen. In diesen 40 Tagen hast du die Gelegenheit, eine intensive Gemeinschaft mit Gott zu pflegen. Das bereitet dich noch besser auf die vor uns liegende Zeit und die lang erwartete Wiederkunft Jesu vor.

Buch *2*

Preise:
Paperback,
14 x 21 cm, 196 S.

40 Tage – Andachten und Gebete

... zur Vertiefung Deiner Gottesbeziehung

Was können 40 Tage bewirken?

Sehr viel – wenn du betest. Komm mit Dennis Smith auf eine geistliche Reise, die dein Leben verändern wird.

Dein Gebetsleben wird Tag für Tag effektiver, dein Glaube erstarkt durch erhörte Gebete und deine Verbindung zu Glaubensfreunden und vertieft sich, wenn du dich für diese Andachten und Gebete während 40 Tagen entscheidest.

In gleicher Art wie das beliebte Buch von Dennis Smith »40 Tage, Andachten und Gebete zur Vorbereitung auf die Wiederkunft Jesu« kann auch dieser zweite Band die geistliche Ausrichtung sowohl von Einzelnen als auch von Kleingruppen und von ganzen Gemeinden neu beleben.

Entdecke für dich persönlich, welche große Auswirkung 40 Tage haben können.

Zu beziehen bei den Verlagen (siehe Seite 2)

Buch 3

Preise:
Paperback,
14 x 21 cm, 208 S.

40 Tage – Andachten und Gebete

... über Gesundheit in der Endzeit

Gläubige wünschen sich körperliche Gesundheit, emotionale Stabilität und geistliche Stärke. Das ist das Anliegen dieses Buches. Was wir wirklich brauchen, ist Gesundheitsinformationen verbunden mit der Kraft, sie im Alltag umzusetzen. Wir brauchen Kraft, Veränderungen herbeizuführen.

Dennis Smith spricht genau dieses Anliegen an. Schon das erste Kapitel handelt von der Kraft zur Veränderung durch das Leben im Heiligen Geist. In den weiteren Kapiteln geht es um geistliche Gesundheit und um die emotionalen Faktoren der Gesundheit.

Viele Menschen leiden heute unter emotionalen Problemen, Verletzungen, Gebundenheiten, sowie unter geistlicher Schwäche. Diese psychischen Probleme führen oft zu körperlichen Krankheiten. Daher ist es notwendig, dem psychischen Bereich vermehrte Aufmerksamkeit zu schenken. Aber auch die körperliche Gesundheit kommt in diesem Buch nicht zu kurz.

Buch 4

Preise:
Paperback,
14 x 21 cm, 200 S.

40 Tage – Andachten und Gebete

... über die Endzeit-Ereignisse

Die Andachten in diesem Buch sprechen über die Zeichen der Endzeit und andere Prophezeiungen, die in der ganzen Bibel enthalten sind. Sie sollen uns die Ereignisse erkennen lassen, die sich kurz vor der Wiederkunft Jesu ereignen. Das Wissen um diese Ereignisse hat jedoch nur einen kleinen Anteil für unser Bereitsein. Der entscheidende Faktor dafür ist eine echte lebendige Beziehung zu Jesus.

Die Andachten betonen deren wesentlichen Elemente: persönliches Studium des Wortes Gottes, Gebet, das Erfülltsein mit dem Heiligen Geist und die Gerechtigkeit aus dem Glauben.Ähnlich wie in den vorausgegangenen 40-Tage-Andachten, zielt dieses Studium auf ein weiterreichendes Ergebnis.

Es ist nicht Gottes Absicht, dass wir unsere Kenntnisse seines Wortes für uns behalten. Wir sind aufgerufen, uns durch seine Liebe anderen zuzuwenden. Wir wollen ihnen Anteil geben an den Verheißungen Gottes, damit auch sie wachsam und bereit werden.

Zu beziehen bei den Verlagen (siehe Seite 2)

Buch 5

Preise:
Paperback,
14 x 21 cm, 208 S.

40 Tage – Andachten und Gebete

... über das Kreuz Jesu

Das Kreuz Christi ist das größte Offenbarung der Liebe, die es jemals gegeben hat und die jemals in diesem Universum vorhanden sein wird. Eine Liebe, die unseren Schöpfer dazu veranlasste, von seinem Thron im Himmel herabzusteigen, einer von uns zu werden, so dass unsere Sünden vergeben werden können.

Die Schrift ist klar: tief in unseren Herzen wissen wir, dass Gott uns liebt. Dies ist eine grundlegende Voraussetzung für unsere Befähigung, Gott und andere zu lieben und Gott vom Herzen zu gehorchen. Wenn unsere Erkenntnis von Gottes Liebe zu uns nur intellektuell ist, ein Kopfwissen und nicht ein Herzenswissen, dann können wir nur Gott und andere lieben auf intelektuelle Art und Weise. Auch die Gebote Gottes werden wir nur intellektuell und nicht von Herzen befolgen. Je mehr wir die Liebe Gottes verstehen, die im Kreuz Christi offenbart wird, desto mehr werden wir Gott und einander lieben. Und wir werden umso mehr Jesus Christus im Herzen und im Charakter ähnlich werden.Dennis Smith fordert die Leser auf vierzig Tage über das Kreuz Christi nachzudenken und neu zu entdecken, dass das Kreuz Christi etwas ist zum Loben und Danken, um sich zu freuen und dies der Welt zu verkünden!

Zu beziehen bei den Verlagen (siehe Seite 2)

*»Erwarte Großes von Gott
und unternimm Großes für Gott.«*

WILLIAM CAREY

14 Tage
Studien-
anleitung

BUCH 1:
www.schritte-zur-persönlichen-erweckung.info

Schritte zur persönlichen Erweckung
Erfülltsein mit dem Heiligen Geist

Diese Broschüre ist eine sehr praktische Hilfe, um die Erfüllung mit dem Heiligen Geist im eigenen Leben umzusetzen. Dieses Studium ist ideal für die persönliche Andacht, aber auch zum gemeinsamen Studium im Bibelkreis oder in der Gemeinde.

Für Leiter und zukünftige Leiter:
• Die Ergebnisse multiplizieren

Kapitel 1 – Jesu kostbarstes Geschenk
• Was lehrt Jesus über den Heiligen Geist? Kennst du Jesu eindrücklichste Botschaft?

Kapitel 2 – Wo liegt der Kern unserer Probleme?
• Gibt es eine geistliche Ursache hinter unseren Problemen? Ist es ein Mangel an Heiligem Geist?
• Was ist das Hauptproblem beim fleischlichen Christsein?

Kapitel 3 – Unsere Probleme sind lösbar
• Wie können wir zu einem frohen und starken Christsein kommen? Wie erfüllt der Heilige Geist unser Leben?
• Welche Beziehung besteht zwischen Taufe und Heiligem Geist?

Kapitel 4 – Welche Unterschiede sind zu erwarten?
• Welchen Gewinn haben wir durch ein Leben im Heiligen Geist?
• Welche Verluste erleiden wir, wenn wir nicht um den Heiligen Geist beten?

Kapitel 5 – Der Schlüssel zur Praxis: Beten mit Verheißungen
• Wie kann ich Gottes Lösung für mich praktisch umsetzen und erleben?
• Wie kann ich so beten, dass ich nach dem Gebet gewiss bin, vom Heiligen Geist erfüllt zu sein?

Kapitel 6 – Welche Erfahrungen liegen vor?
• Persönliche Erfahrungen, sowie von Gemeinden, einer Vereinigung und eines Verbandes/Union

Kapitel 7 – Wie Interesse wecken ... für das Leben im Heiligen Geist und wie die Botschaft weitergeben?
• Was können Leiter und Gemeinden tun für ein gutes geistliches und zahlenmäßiges Wachstum?
• Wie geben wir die Botschaft weiter? Welche Wege gibt es?

www.schritte-zur-persoenlichen-erweckung.info

Erfülltsein mit dem Heiligen Geist – Wie erfährt man das?

Diese Internetseite wird von 143 Ländern aufgesucht

Kostenloses Lesen, Ausdrucken und Versenden von allen Büchern in allen 80 übersetzten Sprachen:
Schritte zur persönlichen Erweckung, In Jesus bleiben, Geisterfüllte Mitarbeiter Jesu und Starter-Set, Vom Mangel zum Reichtum im Heiligen Geist, Gotterfahren-Andreasbriefe, Gott, Geld & Glaube.

Persönliches Zeugnis von Dwight Nelson, Leitender Pastor Andrews-Universitäts-Gemeinde: Wie sich mein Leben durch die Broschüre „Schritte zur persönlichen Erweckung" verändert hat

Videoseminar mit Helmut Haubeil **„Schritte zur persönlichen Erweckung"** – 4 Teile

Hörbuch „Schritte zur persönlichen Erweckung" – 5 Teile

Videoseminar und Audio mit Helmut Haubeil **„In Jesus bleiben"** – 5 Teile

Bewährte missionarische Werzeuge (Traktate) zum Aufbau von Glaubensbeziehungen:
– Alle 17 Gotterfahren-Andreasbriefe
– Starter-Set mit ausgewählten 8 Andreasbriefen zum Start einer Glaubensbeziehung
– Erweckung suchen – 10 Tage des Gebets 2021, überarbeitet und ergänzt

In Jesus bleiben

Wir sind sehr dankbar, dass der wertvolle Inhalt vielen das Glaubensleben froh und attraktiv gemacht hat. Mancher sagte, es war für ihn noch wichtiger als *Schritte zur persönlichen Erweckung.*

- Wie kann unser Charakter positiv verändert werden?

- Hingabe ist der Schlüssel zum neuen Leben hier und dem ewigen Leben. Dieser Schritt ist kein Verlust, sondern unglaublicher Gewinn.

- Der Gipfel alles Erreichbaren: Erfüllt mit aller Gottesfülle. Wodurch? Durch Christus in uns.

- Wie können wir mit Jesus in einem freudigen Gehorsam leben? Was bedeutet Glaubensgehorsam und wie macht man das? Was tut Gott und was ist mein Teil?

- Was ist die Grundlage attraktiven Glaubens? Warum ist dieser nicht nur für mich eine Freude, sondern auch anziehend für meine Familie, Nachbarn, Kollegen?

Die Broschüre kann bei Wertvoll leben, ABC, TopLife, Advent-Verlag Schweiz (siehe Seite 2) bestellt werden.

BUCH 3:
www.schritte-zur-persönlichen-erweckung.info

Geisterfüllte Mitarbeiter Jesu

*Inklusive Starter-Set: Christusbeziehung
Andreasbriefe Nr. 1-5, 8, 13, 14, Z1*

Was ist Lebenserfolg? Welche Verheißungen gibt uns Gott für ein erfolgreiches Leben? Es liegt keine Kraft in kleinen Plänen. Unser wunderbarer Gott wünscht sich, dass wir groß denken. Willst du sein Mitarbeiter sein?

Jesus wünscht sich Mitarbeiter, die von seiner Liebe erfüllt sind. Mitarbeiter, durch die er andere lieben kann. Dafür ist es wichtig, dass ich selbst »das ganze Ausmaß der Liebe Gottes erfahre« (siehe Eph 3,17 Hfa).

Welche genialen Gedanken hat Gott für uns mit Dienen, Geben und Helfen verbunden! Es ist einfach unglaublich, was Gott für uns bereithält. Und – wie dienen wir Gott? Arbeiten wir mit unseren menschlichen Fähigkeiten für Gott, oder kann Gott mit seinen göttlichen Fähigkeiten durch uns wirken? Was ist der Unterschied?

Jesus hat gesagt: »Folgt mir nach! Ich will euch zu Menschenfischern machen!« (Mt 4,19) Auf welche überraschende Weise macht er Mitarbeiter aus uns?

Helmut Haubeil zeigt, wie er gelernt hat, Menschen Schritt für Schritt zu Christus zu führen. Eine persönliche Beziehung zu Jesus ist die wertvollste Beziehung, die es überhaupt gibt. Wie kann ich das jemand zeigen? Welche Einstiegsfrage gibt es, die taktvoll und direkt zur Hauptsache führt? Welche erprobten Hilfsmittel gibt es, die ein Glaubensgespräch bedeutend erleichtern für Helfer und Teilnehmer?

Danach wird ein geistlich-missionarisches Konzept vorgestellt, das uns zeigt, wie wir als Einzelne oder Gruppe, Gemeinde oder Vereinigung unter Gottes Führung siegreich vorwärtsgehen können.

Gott schenke jedem von uns die große Freude, ein geisterfüllter Mitarbeiter Jesu zu sein!

Vom Mangel zum Reichtum im Heiligen Geist

Hier geht um zwei Erkenntnisse:
Was ist die Ursache unseres Mangels?
Wie kann ich in dem Reichtum und der Kraft leben,
die Gott mir anbietet?

Jesus hat uns durch den Heiligen Geist ein großes persönliches Geschenk gemacht. Hast du diesen Reichtum schon entdeckt? Oder lebst du »von der Hand in den Mund«? Leben wir in einem gravierenden Mangel? Wollen wir mit Gottes Hilfe diese entscheidende Lücke schließen?

Jesus wünscht sich geisterfüllte Nachfolger. Wollen wir seinen liebevollen und eindringlichen Aufruf befolgen und, ständig und täglich neu um den Heiligen Geist bitten? Wer mit Verheißungen betet, darf jeden Tag gewiss sein, dass er ihn auch bekommen hat.

In der christlichen Theologie wurde die Lehre vom Heiligen Geist vernachlässigt. Wurden deshalb einige Bibelverse unabsichtlich verwässert und nur ungenau übersetzt? Konnte das Problem vom Bibelleser überhaupt erkannt werden?

Von Anbeginn wurde in der STA-Gemeinde die »Gabe der Weissagung« geschätzt. »Dem Heiligen Geist selbst wird aber erst 1980, also über hundert Jahre später, in Artikel 5 der Fundamental Beliefs ein gebührender Platz eingeräumt.« (Johannes Mager)

Führten diese Umstände zu einer halb wahren und halb falschen Sicht über das Erfülltwerden mit dem Heiligen Geist? Wie kommen wir zur richtigen biblischen Sicht und dem durch den Heiligen Geist bewirkten neuen Leben? Welche wunderbaren Segnungen bringt der Heilige Geist in unser Leben und unseren Dienst?

Was ist eine Erweckung und was bewirkt sie? Gibt es darin eine Entwicklung?

Werden wir jetzt Jesus folgen? Werden wir die Lücke schließen? Woran kann alles scheitern?

Wollen wir ein freudiges, attraktives und fruchtbringendes Leben führen in der Kraft Gottes? Ein sinnvolles, erfülltes Leben, das Großes bewirkt?

Muster Gebetsliste für die Fürbitte

Empfehlung: Bitte notiere dir – wenn möglich – pro Person:

Name und Vorname: _____

Telefon: _____

E-Mail: _____

Adresse: _____

_____

_____

Gebetsanliegen:

_____

_____

_____

Vormerkungen:

_____

_____

_____

_____

Verlauf des Kontaktes:

_____

_____

_____

_____

Themen (DIN A5-Hefte in einer Kartonbox)

1. Der christliche Glaube auf dem Prüfstand (**8 Seiten**)
2. Jesus von Nazareth (**8 Seiten**)
3. Was ist das Hauptanliegen der Bibel? (**12 Seiten**)
4. Die Wette des Pascal: Gibt es Gott? Gibt es keinen Gott? (**8 Seiten**)
5. Sieg über Tabak und Alkohol (**8 Seiten**)
6. Wie kann man wissen, was die Zukunft bringt? (**8 Seiten**)
7. Vorbeugen oder Heilen? (**8 Seiten**)
8. Prophezeiungen über Jesus Christus (**8 Seiten**)
9. Prophezeiungen über vier Städte (**8 Seiten**)
10. Jesus und der Sabbat (**12 Seiten**)
11. Was sagte Jesus über Jerusalem, seine Wiederkunft und das Weltende? (**16 Seiten**)
12. Vorzeichen der Wiederkunft (**16 Seiten**)
13. Ergreife das Leben (**8 Seiten**)
14. Leben in der Kraft Gottes – Wie? (**12 Seiten**)
15. Mit Gewinn die Bibel lesen – Wie? (**12 Seiten**)
16. Wie kann ich Gottes Liebe und Vergebung erfahren? (**16 Seiten**)
17. Hast du etwas gegen jemand? (**16 Seiten**)

Die Hefte können als ganze Sätze in einer Krempelbox (1-17) bestellt werden oder themenweise in 10er, 50er und 100er-Päckchen oder als Starterset, der für den Beginn benötigten Nummern und Einladungskärtchen für die Internetseite für Suchende www.gotterfahren.info

Gott erfahren-Andreasbriefe – Starterset

Es enthält ein Exemplar der Nummern 1, 2, 3, 4, 5, 8, 13, 14 sowie das Faltblatt Z1 »Der Weg zum ewigen Leben«

Gott erfahren-Andreasbriefe – Hörbuch
Das Hörbuch beinhaltet alle Themen der Andreasbriefe Version 2017.

Wertvoll leben
Medien, die Dein Leben bereichern

Wertvoll leben
Ziegeleistr. 23, D-73635 Rudersberg (Baden-Württemberg)
Telefon: +49 (0)7183 3071332
Email: info@wertvollleben.com, www.wertvollleben.com